रामायण
बनाम
महाभारत

मेरी दृष्टि से
एक रोचक तुलना

रामायण
बनाम
महाभारत
मेरी दृष्टि से
एक रोचक तुलना

देवदत्त पट्टनायक

अनुवाद
परितोष मालवीय

रूपा

प्रकाशक
रूपा पब्लिकेशंस इंडिया प्राइवेट लिमिटेड 2019
7/16, अंसारी रोड, दरियागंज
नई दिल्ली 110002

सेल्स सेंटर:
इलाहाबाद बेंगलुरू चेन्नई
हैदराबाद जयपुर काठमाण्डू
कोलकाता मुम्बई

ISBN: 978-93-5333-656-1

प्रथम संस्करण 2019

10 9 8 7 6 5 4 3 2 1

देवदत्त पट्टनायक इस पुस्तक के लेखक होने के नैतिक अधिकार का दावा करते हैं।

जो अगणित और अपरिमित है, उसकी माप और तुलना करना
ही उसे जानने का सबसे उत्तम मार्ग है। मापना मनुष्य का
भ्रम (माया) है, और तुलना, ईश्वरीय नाटक (लीला)।
मैं इस पुस्तक को उन सभी को समर्पित करता हूँ जिन्हें
मापा जा सकता है और जिनकी तुलना की जा सकती है,
साथ ही साथ उन्हें भी समर्पित करता हूँ जो इसके परे हैं।

अनुवादक की ओर से

यह किताब मौलिक रूप से एक अलग किताब है। इसका अनुवाद दो तरह की दुनिया को मिलाता है। अंग्रेज़ी और हिन्दी की दुनिया। देवदत्त पट्टनायक की भाषा सरल और सटीक है। उनके शब्द एक तस्वीर बनाते हैं। ऐसे में अंग्रेज़ी में सोचे गए शब्दों को हिन्दी की शक्ल देने में जो चुनौती आई है, आशा है पाठक उसे समझ पाएंगे।

विषय-सूची

3. टूटन या बिगाड़

4. वनवास

5. युद्ध

6. परिणाम

7. पुनर्पाठ

8. ज्ञान

प्रस्तावना:

धर्म के स्रोत

भारत में कहानी कहने की परंपरा अत्यंत प्राचीन है। वैदिक काल में, इसका उपयोग अनुष्ठानों के मध्य मनोरंजन कार्य हेतु किया जाता था। देवताओं, राजाओं और ऋषियों की कहानियाँ सुनाना सूत अथवा चारण की जिम्मेदारी थी। कहानियों के भी दो प्रकार थे: पुराण और इतिहास। पुराणों में देवताओं, राजाओं और ऋषियों की कहानियाँ थीं, जिन्हें कहानीकार ने अन्य स्रोतों से 'सुना' था (पुराण = प्राचीन)। दूसरी ओर, इतिहास के अंतर्गत वे कहानियाँ आती थीं, जिन्हें कहानीकार ने स्वयं घटित होते 'देखा' था (इति = इस प्रकार वास्तव में, हास = हुआ)।

रामायण और *महाभारत* इतिहास की श्रेणी में आते हैं, क्योंकि उनके रचयिता क्रमश: वाल्मीकि और व्यास ने यह दावा किया है कि उन्होंने जिन घटनाओं का जिक्र किया है, वे उन्हीं के सामने घटित हुई हैं; बल्कि वे स्वयं भी उन कहानियों में शामिल हैं। इस दृष्टि से पुराण की तुलना में इतिहास कहीं अधिक वास्तविक और लोकप्रिय बन जाता है, क्योंकि कोई भी व्यक्ति यह दावा नहीं कर सकता कि उसने पुराण में वर्णित ईश्वर, उनके लोक और घटनाओं का साक्षात अनुभव किया है।

रामायण, अयोध्या के राजकुमार राम की कहानी है, जिन्हें राजतिलक की पूर्व संध्या पर पिता दशरथ द्वारा 14 वर्ष के वनवास और उनके स्थान पर सौतेले भाई भरत को राजगद्दी पर बैठाने का आदेश दिया जाता है। राम, किसी भी तरह के अफसोस और नाराजगी के बिना पिता की आज्ञापालन हेतु सहमत हो जाते हैं। उनके साथ उनकी पत्नी सीता और भाई लक्ष्मण भी वनवास पर जाते हैं, जहाँ उनका ज्यादातर समय ऋषियों से मिलने और राक्षसों से लड़ने में व्यतीत होता है। वनवास के अंतिम वर्ष में राक्षसों के राजा रावण द्वारा सीता का अपहरण कर लिया जाता है क्योंकि उसकी बहन सूर्पणखा के प्रणय निवेदन को राम अस्वीकार कर देते हैं और जिद पर अड़े रहने के कारण लक्ष्मण उसकी नाक काट देते हैं। रावण सीता का हरण करके लंका ले जाता है। समुद्र के बीच स्थित लंका पर चढ़ाई के लिए राम, वानरों की सेना एकत्रित करते हैं और समुद्र पर पुल बनाते हैं। राम के नेतृत्व में वानर सेना लंका पर विजय प्राप्त करती है तथा सीता को सफलतापूर्वक रावण के चंगुल से मुक्त करा लेती है। सीता को अपनी पवित्रता सिद्ध करने के लिए अग्नि परीक्षा देनी पड़ती है। राम विजयी होकर वापस लौटते हैं और उनका अयोध्या के राजा के रूप में राजतिलक होता है, लेकिन उनकी प्रजा में यह कानाफूसी होने लगती है कि किसी रघुकुल वंशज राजा की पत्नी का चरित्र संदिग्ध होना शोभा नहीं देता। राम गर्भवती सीता का परित्याग कर देते हैं, जो वन में महर्षि वाल्मीकि के आश्रम में उनके जुड़वाँ पुत्रों का लालन-पालन करती हैं। वे श्रेष्ठ योद्धा के रूप में बड़े होते हैं, जिन्होंने महर्षि वाल्मीकि से रामकथा सुनी होती है। वे राम के अश्व को बंदी बना लेते हैं और अयोध्या की सेना को भी परास्त कर देते हैं। अंतत: राम और उनके पुत्रों का मिलन होता है। सीता सबको विदा कहते हुए धरती में समा जाती हैं; तथा सीता के वियोग में दुखी राम सरयु नदी में जल समाधि ले लेते हैं।

महाभारत, वेदव्यास के पौत्रों एवं भरत के वंश की दो शाखाओं–पांडव के रूप में प्रसिद्ध, गोद लिए हुए पाँच पुत्रों एवं कौरव के रूप में प्रसिद्ध, धृतराष्ट्र के सौ पुत्रों के मध्य हुए भीषण संघर्ष और प्रतिद्वंद्विता की कहानी है। अपने प्रतिभावान चचेरे भाइयों को राजगद्दी मिलने की संभावना से भयभीत कौरव, पांडवों के महल को आग के हवाले कर देते हैं। पांडव जीवित बच जाते हैं एवं तब तक वन में छुपे रहते हैं, जब तक कि वे पांचाल प्रांत की राजकुमारी द्रौपदी को अपनी पत्नी एवं यदुवंशी राजा कृष्ण को मित्र के रूप में प्राप्त नहीं कर लेते। शक्तिशाली पत्नी एवं बुद्धिमान मित्र के प्राप्त होने से सशक्त हुए पांडव सामने आते हैं और स्वयं को ज्येष्ठ बताते हुए पारिवारिक संपत्ति में अपने आधे भाग को पाने का दावा प्रस्तुत करते हैं। अपराधबोध से ग्रस्त कौरवों द्वारा अनिच्छापूर्वक उन्हें खांडव वन की जमीन प्रदान की जाती है, जहाँ वे इंद्रप्रस्थ नामक एक शानदार शहर की स्थापना करते हैं। दुर्भाग्यवश वे कौरवों से जुए में सब कुछ हार जाते हैं। अपनी जमीन प्राप्त होने पर भी संतुष्ट नहीं हुए कौरव, द्रौपदी को भरी सभा में निर्वस्त्र करने का प्रयास करते हैं। अंततः यह तय होता है कि पांडवों को उनका राज्य तभी वापस मिलेगा, जब वे 13 वर्ष का वनवास सफलतापूर्वक व्यतीत कर लेंगे, जिसमें अंतिम एक वर्ष का अज्ञातवास भी होगा। पांडव अनिच्छापूर्वक तैयार हो जाते हैं; द्रौपदी शपथ लेती है कि वह अपने केशों को तब तक नहीं बाँधेगी, जब तक कि उन्हें कौरवों के रक्त से धो नहीं लेती। बारह वर्षों तक तीर्थयात्रियों की तरह भटकने के पश्चात पांडव अपने वनवास के तेरहवें और अंतिम वर्ष में प्रवेश करते हैं जिसे वे राजा विराट के महल में सेवकों के रूप में व्यतीत करते हैं। इस निरादर को झेलने और वनवास की सारी शर्तों को पूरा करने के बावजूद कौरव, पांडवों को उनकी भूमि वापस करने से मना कर देते हैं और युद्ध घोषित हो जाता है। पांडवों के पक्ष में सात सेनाएँ और एक निहत्थे कृष्ण होते हैं; कौरवों के

पक्ष में कृष्ण की सेना सहित कुल ग्यारह सेनाएँ होती हैं। कृष्ण के निर्देशन में अठारह दिन तक चले युद्ध में पांडव, कौरवों को पराजित करते हैं, उनके रक्त से द्रौपदी के बाल धोते हैं एवं अपना राज्य पुन: हासिल करते हैं। लेकिन उन्हें युद्ध की कीमत चुकानी पड़ती है—वे अपनी समस्त संतानों को खो देते हैं। कौरवों की माँ गांधारी कृष्ण को श्राप देती है कि कृष्ण को भी उसकी ही तरह अपने पुत्रों एवं पौत्रों को अपने सामने मरते हुए देखना पड़ेगा, और उसकी भविष्यवाणी सत्य सिद्ध होती है। लंबे एवं सफल शासन के उपरांत पांडव सशरीर स्वर्ग जाने का प्रयास करते हैं, लेकिन केवल युधिष्ठिर को ही इसमें सफलता प्राप्त होती है, जहाँ उसकी भेंट कौरवों से होती है। तब उन्हें यह एहसास होता है कि यह अपने चचेरे भाइयों के साथ स्वर्ग को साझा करने का संघर्ष है, जिस तरह उनके चचेरे भाइयों ने पांडवों के साथ धरती को साझा करने के लिए संघर्ष किया था।

पुराणों और इतिहास का सबसे प्रारंभिक संदर्भ 2,800 वर्ष पूर्व *शतपथ ब्राह्मण* में मिलता है–हालाँकि हमें उन कहानियों के बारे में कोई जानकारी नहीं है जो उस समय सुनाई गई थीं। हो सकता है कि उनमें राम और कृष्ण की भी कहानियाँ हों, पर हम दावे के साथ कुछ नहीं कह सकते। शताब्दियों तक मौखिक रूप से प्रसारित होने के बाद लगभग 2,000 वर्ष पूर्व इन कहानियों को *रामायण* और *महाभारत* नामक संस्कृत महाकाव्यों के रूप में परिष्कृत और पुनर्गठित किया गया। कहानियों के इन परिष्कृत और पुनर्गठित रूप को आज हम 'मूलपाठ' के रूप में मान्यता देते हैं। इन ग्रंथों में पहली बार हिंदू इतिहास में धर्म के विचार को विस्तार से व्यक्त किया गया है, जो उन्हें विश्व पटल पर 'धर्म के स्रोत' के रूप में प्रतिष्ठित करता है।

वैदिक काल में 'धर्म' शब्द एक प्रभावी विचार के रूप में नजर नहीं आता है। 3,000 वर्ष से अधिक पुराने *ऋग्वेद* की 1,000 ऋचाओं में यह शब्द 100 से भी कम बार दिखाई देता है। उस समय, धर्म से अभिप्राय सामाजिक व्यवस्था एवं उसे बनाए रखने के राजसी दायित्व से था। *ऋग्वेद* के कुछ समय बाद रचित *शतपथ ब्राह्मण* में धर्म का अर्थ विस्तृत हो जाता है और इसका अभिप्राय पाशविक प्रवृत्तियों पर काबू पाना, जंगल के कानून को पलटना और एक ऐसी संस्कृति को गढ़ना जिसमें ताकतवर व्यक्ति अपने से निर्बल की देखभाल करे, इत्यादि हो जाता है। उपनिषदों में, शायद ही धर्म का कहीं उल्लेख हो। उपनिषदों का ध्यान 'आत्मा' पर केंद्रित है–यानी मनुष्य तन का वह बुद्धिमान निवासी जो अपने भीतर के पशु के साथ मनुष्य के संघर्ष का साक्षी है।

लगभग 2,300 वर्ष पूर्व सम्राट अशोक द्वारा अपनी राजाज्ञाओं में 'धर्म' शब्द के प्रयोग के बाद ही इसने प्रसिद्धि प्राप्त की। धर्म का यूनानी भाषा में अनुवाद यूसेबिया (eusebia) के रूप में किया गया, जिसका अर्थ है देवताओं, राजाओं और अभिभावकों की आराधना करना, और अरमाइक भाषा में इसका अनुवाद क्युथ (qsyt) के रूप में किया गया, जिसका अर्थ है 'सत्य'। अन्य शब्दों में, भारत के मौर्य शासक के लिए धर्म का अभिप्राय सामाजिक व्यवहार और आध्यात्मिक विश्वास, दोनों से था।

इसके बाद के पाँच सौ वर्षों में कई ग्रंथ-पाठ दृष्टिगोचर होते हैं, जिन्हें सामूहिक रूप से धर्म-शास्त्र के रूप में जाना जाता है, जिनमें धर्म की व्याख्या एक सामाजिक दायित्व के रूप में की गई, जो कि व्यवसाय (वर्ण धर्म), जीवन के चरण (आश्रम धर्म), व्यक्तित्व (स्वधर्म), शासन (राज धर्म), स्त्रीत्व (स्त्री धर्म) एवं योगीत्व (मोक्ष धर्म) पर आधारित था।

इसी अवधि के दौरान, तीसरी शताब्दी ई.पू. से लेकर तीसरी शताब्दी ईस्वी तक, ब्राह्मणों का ध्यान बड़ी मात्रा में *रामायण* और *महाभारत* पर गया और ये महाकाव्य अपने अंतिम स्वरूप तक पहुँचे–वह स्वरूप जिससे आज हम सभी परिचित हैं। इन कहानियों ने लोगों को धर्म की जटिलताओं, इसकी प्रसंगगत प्रकृति (युग धर्म), विलक्षणता (सूक्ष्म धर्म), और दुविधाओं (धर्म-संकट) को समझने में मदद की।

वैदिक काल की तुलना में, मौर्योत्तर काल में 'धर्म' इतना महत्वपूर्ण शब्द क्यों बन गया? इस विचार को आम जनता तक पहुँचाना ब्राह्मणों के लिए क्यों महत्वपूर्ण था? क्या इसका बौद्ध धर्म से कोई लेना-देना था? अथवा इसका शासन व्यवस्था से कोई संबंध था?

महाकाव्यों का निर्माण

वेदों में, एक अच्छे जीवन के लिए प्राणियों की दिव्यता का सदैव आह्वान किया गया है। हमें यह बताया गया है कि यज्ञ नामक अनुष्ठान को यदि भलीभाँति संपन्न किया जाए तो इसके पुण्य लाभ के रूप में मनुष्य को जीवनोपरांत स्वर्ग की प्राप्ति होती है। सांसारिक जीवन और उससे जुड़ी समस्त बातों का महत्व 2,500 वर्ष पहले उस समय घट गया, जब बुद्ध

ने इस संसार को दुखों के स्थल के रूप में वर्णित किया। उन्होंने इच्छाओं की समाप्ति, सांसारिक जीवन के त्याग, और अपनी व्यक्तिगत पहचान की विस्मृति-या निर्वाण (पाली भाषा में निब्बान) की प्राप्ति के लिए तपस्वी की तरह जीवनयापन करने का प्रवचन दिया। उन्होंने इस जीवन दर्शन को 'धम्म' कहा, जो संस्कृत शब्द 'धर्म' का पाली संस्करण है। यह उस वैदिक जीवन दर्शन से मूलभूत रूप से अलग था, जो धर्म को सामाजिक व्यवस्था और राजसी दायित्वों के साथ जोड़ता था।

बौद्ध भिक्षुओं ने बुद्ध के विचारों को धम्म पद—धम्म के मार्ग के रूप में प्रचारित किया। इस बौद्ध ज्वार का सामना ब्राह्मणों ने धर्मशास्त्र की रचना और संकलन करके किया, जिसमें विवाह, गृहस्थी, सामाजिक दायित्व, और सांसारिक जीवन को अधिक महत्व दिया गया था। ये दो शक्तिशाली और समानांतर विमर्श थे, जो एक साथ विकसित हुए और जिन्होंने बाद में भारतीय दर्शन को आकार देने में महत्वपूर्ण भूमिका निभाई।

हालाँकि, धम्म-पद और धर्म-शास्त्रों ने सामान्य जनमानस को प्रभावित नहीं किया। सामान्य जनमानस की रुचि कहानियों में थी। इसीलिए, भिक्षुओं ने लोकप्रिय लोक कथाओं को आधार बनाते हुए जातक साहित्य लिखा, ताकि लोगों को यह सिखाया जा सके कि किस तरह दैनिक जीवन में धम्म का पालन किया जा सकता है। ये कहानियाँ बताती है कि किस तरह बुद्ध ने अपने पिछले जन्म में बौद्ध आदर्शों का पालन किया था, जिससे अर्जित पुण्य से उन्हें अपने अंतिम जीवन में निर्वाण प्राप्त करने की योग्यता हासिल हुई। जातक कथाओं (जातक = जन्म के समय स्थितियाँ, नक्षत्र या ज्योतिषीय रेखाचित्र) की लोकप्रियता ने ब्राह्मणों को अपना ध्यान अनुष्ठानों और कानून संबंधी पुस्तकों के बजाए कहानियों पर केंद्रित करने के लिए विवश किया।

इस परिवर्तन का हिंदू धर्म पर व्यापक असर पड़ा। *रामायण* और *महाभारत* जैसे आख्यान केंद्रीय भूमिका में आ गए, जिसने कहानी आधारित पौराणिक हिंदुत्व को जन्म दिया, जो कि प्राचीन एवं अनुष्ठान आधारित वैदिक हिंदुत्व से काफी भिन्न था। यह परिवर्तन मौर्यकाल एवं गुप्तकाल के मध्य में हुआ, जिस समय उत्तरी भारत पर भारतीय-यूनानी (यवन) राजाओं के

साथ-साथ मध्य-एशिया से आए कुषाण राजाओं का शासन था।

इसी अवधि के दौरान बौद्धों और ब्राह्मणों, दोनों ने राजव्यवस्था के साथ जुड़ना आरंभ किया। बौद्धों की दृष्टि में राजा बौद्ध-धम्म का संरक्षक था। उनकी नजरों में बुद्ध द्वारा स्थापित मठवासियों का वरिष्ठता क्रम, राज व्यवस्था से ऊपर था। ब्राह्मण मत के अनुसार, धर्म में राजा का शीर्ष स्थान है; वह धर्म का संस्थापक भी है और संरक्षक भी। राजा को दिशा-निर्देश देने के लिए महाकाव्य हैं, जिनमें राज परिवारों और उनके द्वारा किए गए संघर्षों की कहानियाँ मौजूद हैं।

लगभग 1500 वर्ष पूर्व, जब गंगा के मैदानों में गुप्त वंश का साम्राज्य था, तब राम और कृष्ण को अवतार के रूप में प्रतिष्ठा प्राप्त हुई–वे अनश्वर एवं अनंत विष्णु के इस पृथ्वी पर नश्वर और परिमित स्वरूप थे। इसके साथ ही, दो पृथक महाकाव्य *रामायण* और *महाभारत* एक बड़ी कहानी विष्णु पुराण के दो अध्याय बन गए। महाकाव्यों में वर्णित सांसारिक घटनाएँ एक दिव्य लीला का हिस्सा थीं और जिनके ब्रह्मांडीय निहितार्थ थे। राम और कृष्ण एक ही दिव्य अस्तित्व के दो स्वरूप बन गए, जो भिन्न संदर्भों में भिन्न तरीके से कार्य करते हैं। एक सरल से त्रेतायुग में अवतार लेता है तथा दूसरा तुलनात्मक रूप से भ्रष्ट द्वापरयुग में। एक राजा के रूप में, तो दूसरा राजा को राजगद्दी पर आसीन कराने वाले (किंग मेकर) के रूप में कार्य करता है।

इस संरचना ने धर्म-शास्त्रों के एक मौलिक सिद्धांत को दर्शाया: जब तक धर्म का उल्लंघन नहीं होता, स्थान (देश), समय (काल) और व्यक्ति (पात्र) के साथ नियम कभी भी बदल सकते हैं। इस प्रकार धर्म कोई विधि-व्यवस्था नहीं थी; बल्कि यह मानव अस्तित्व का एक तरीका था। यह जंगल के कानून को पलटने की मनुष्य की क्षमता से जुड़ा हुआ था।

शतपथ ब्राह्मण के अनुसार, धर्म शक्तिशाली व्यक्ति की नैतिक सत्यनिष्ठा से जुड़ा हुआ है ताकि वह निर्बल लोगों की मदद कर सके। वहीं दूसरी ओर अधर्म पाशविक प्रवृत्तियों के समक्ष मनुष्य के घुटने टेकने से संबद्ध है, ताकि वह निर्बल का शोषण कर सके। यह तभी हो सकता जब हम मनुष्य की असुरक्षा की भावना से उपजे अहं अथवा अहंकार को जान सकें। उपनिषद् हमारा ध्यान आत्मा की ओर आकर्षित करते हैं, जो

कि असुरक्षा की भावना से मुक्त है। पौराणिक साहित्य में राम और कृष्ण को आत्मा के मूर्त रूप या अवतार के रूप में देखा गया है। बुद्ध की ही तरह राम और कृष्ण पूर्णरूपेण संतुष्ट हैं क्योंकि वे इच्छाओं से परे हैं। हालाँकि उन्होंने बुद्ध की तरह संन्यास नहीं लिया। राम और कृष्ण, दोनों ही अपने सामाजिक संदर्भों के अनुरूप सांसारिक जीवन में व्यस्त रहे। वे उन लोगों की पीड़ा और अज्ञानता के बारे में चिंतित हैं, जो अहं से मुक्त नहीं हैं और जिन्होंने अभी तक आत्मा को नहीं पहचाना है।

दूसरे शब्दों में, इन दो महाकाव्यों ने ऋग्वेदों की सांसारिकता, उपनिषदों के रहस्यमय ज्ञान और धर्म-शास्त्रों के दिशानिर्देशों को एक साथ प्रस्तुत किया। वाल्मीकि की *रामायण* में राम धर्म के अवतार या प्रतीक हैं। व्यास की *महाभारत* में कृष्ण, पांडवों को उन नैतिक और नीतिपरक मुद्दों को सुलझाने में सक्षम बनाते हैं, जिन्हें आमतौर पर धर्म संकट कहा जाता है। चूँकि उनकी कहानियों को सदियों से सुनाया जा रहा है, अत: 'धर्म' शब्द की पुनरावृत्ति हजारों बार हुई है। इन महाकाव्यों ने सामान्य जनमानस की कल्पनाशीलता को झकझोर कर धर्म को समझने में उनकी सहायता की और 'धर्म' शब्द को हिंदू शब्दावली का एक सामान्य शब्द बना दिया।

महाकाव्यों का प्रसार एवं उनमें हुए परिवर्तन

रामायण और *महाभारत* में वर्णित कथानक जातक कथाओं में भी देखे जा सकते हैं, जो इस तथ्य को उजागर करते हैं कि एक समान कथाएँ ब्राह्मणों और भिक्षुओं दोनों को ज्ञात थीं। लेकिन बौद्ध धर्म में इन कथाओं का अलग

तरीके से उपयोग किया गया। *दशरथ जातक* में राम की सत्यनिष्ठा, और घट जातक में कृष्ण की हिंसा पर प्रकाश डाला गया है। जैनों ने भी इन कहानियों का इस्तेमाल जैन मत के प्रचार-प्रसार हेतु किया और इसीलिए, जैन मत में जहाँ राम को अहिंसक दर्शाया गया है, वहीं कृष्ण उग्र और हिंसक हैं–और यह वह विशेषता है जो उन्हें जिन, अर्थात जिसका अपने मस्तिष्क पर नियंत्रण है, के उच्चतर स्तर तक पहुँचने से रोकती है।

बौद्ध धर्म और हिंदू धर्म के मध्य यह तनाव दस शताब्दियों से अधिक समय तक चलता रहा। यह संघर्ष पहले गंगा मैदानी इलाकों से शेष भारत में, और उसके बाद समुद्र पार सुमात्रा, जावा, बाली, मलेशिया, बर्मा, कंबोडिया और थाईलैंड तक जा पहुँचा, जैसा कि वहाँ मौजूद ऐतिहासिक साक्ष्यों और पुरातात्विक खंडहरों में दर्शाया गया है। भिक्षुओं और पुजारियों ने व्यापारियों के साथ पर्वतों और समुद्र के पार यात्राएँ कीं और वे अपने साथ बुद्ध, राम और कृष्ण की कहानियों के साथ-साथ भारतीय राजव्यवस्था, नैतिकता एवं नीतिपरकता के सिद्धांत भी लेकर गए।

लेकिन जहाँ बौद्ध धर्म दक्षिण-पूर्व एशिया में फला-फूला, हिंदू धर्म भारत में ही बना रहा। इसका कारण संभवतया सामाजिक जाति व्यवस्था एवं व्यवहार अथवा जाति-धर्म था। ब्राह्मण, केवल जन्म से ब्राह्मण होता था जबकि बौद्ध, कोई भी व्यक्ति बन सकता था! समुद्र के पार हिंदू धर्म के फलने-फूलने के लिए ब्राह्मणों का समुद्र के पार यात्रा करना और उपदेश देना आवश्यक था। हालाँकि, कई रूढ़िवादी हिंदू समुद्र यात्राओं को धर्म और जाति को भ्रष्ट करने वाली मानते थे और उन्होंने समुद्र यात्राओं को यथासंभव हतोत्साहित किया। दूसरी तरफ, बौद्ध धर्म ने भिक्षुओं को विभिन्न स्थानों की यात्रा करने और स्थानीय लोगों को बौद्ध बनने के लिए प्रोत्साहित किया। यद्यपि बौद्ध ग्रंथों ने समाज में जाति की भूमिका को हमेशा स्वीकार किया, लेकिन बौद्ध मठवासियों के वरिष्ठता क्रम में इस जाति व्यवस्था का कोई स्थान नहीं था और यह बौद्ध धर्म के लिए आवश्यक नहीं थी।

अनुमानतया 1000 साल पूर्व, भारत में बौद्धों का प्रभाव कम होना शुरू हो गया। लोगों ने स्पष्ट रूप से तपस्वी जीवन के बजाए गृहस्थ जीवन से

जुड़े रंग, नाटक, संगीत, भावना और ऊर्जा को पसंद किया। ऐसे त्योहार, जिनमें देवी-देवताओं के विवाह आदि का उत्सव हर्षोल्लास के साथ मनाया जाता था, ने लोगों को अपनी ओर आकर्षित किया। जीवन के ये रंग बौद्ध मठों की शांति और नीरवता पर भारी पड़े।

हिंदू धर्म के प्रभाव से बौद्ध धर्म में भी व्यापक परिवर्तन हुए। इसके कारण देवी तारा और बुद्ध के अगले अवतार-बोधिसत्व जैसे विचार सामने आए, जो जनमानस को सिर्फ उपदेश ही नहीं देते थे, बल्कि करुणा के द्वारा पीड़ित मनुष्यों को राहत भी पहुँचाते थे। बौद्ध धर्म का यह स्वरूप केंद्रीय एशिया और चीन में फैला, लेकिन भारत में, अंतत: बौद्ध धर्म पर हिंदू धर्म हावी हो गया और उसे अपने में मिला लिया।

साथ ही साथ, बौद्ध धर्म ने भी हिंदू धर्म पर अपना प्रभाव छोड़ा। हिंदू धर्मशास्त्रों, इतिहास और पुराणों में जहाँ पहले गृहस्थ जीवन को प्राथमिकता दी गई थी, वहीं अब उनका झुकाव तपस्वी जीवन की ओर हुआ। हिंदू संन्यासी व्यवस्था (मठ, अखाड़े) में बढ़ोत्तरी हुई और उन्होंने मंदिर और राज्य के मामलों में महत्वपूर्ण भूमिका निभाई। इस जगत से मुक्ति (मोक्ष प्राप्ति) जीवन का प्रमुख लक्ष्य बन गया, यहाँ तक कि यह धर्म से भी महत्वपूर्ण हो गया। राम और कृष्ण को अब ऐसी दिव्यात्माओं के रूप में नहीं देखा गया जो मनुष्यों को एक प्रबुद्ध गृहस्थ के रूप में जीवनयापन की शिक्षा देते थे, बल्कि ऐसी दिव्यात्मा के रूप में देखा गया जो गृहस्थ व्यक्ति को सांसारिक जीवन के बोझ से बचाने में सहायक हो सकते हैं।

अपने आप को किसी दिव्यात्मा के समक्ष पूर्ण समर्पित कर इस दुनिया से पलायन का विचार आगे चलकर और भी मजबूत हुआ, जब 12वीं सदी में उत्तरी भारत में इस्लाम धर्म का आगमन हुआ, जोकि एक ही ईश्वर को मानने और ईश्वर के संदेशवाहक द्वारा उजागर किए गए ईश्वरीय नियमों के समक्ष मनुष्य के पूर्ण नतमस्तक होने की पैरवी करता है। कई लोग अवतार और पैगंबर की परिकल्पना को एकसमान मानने की भूल करते हैं।

लगभग 600 वर्ष से कुछ पहले, 14वीं शताब्दी में, 'हिंदू धर्म' नामक मुहावरे का सर्वप्रथम प्रयोग दक्कन के विजयनगर साम्राज्य के राजाओं ने किया। मध्य एशिया के आक्रांताओं ने उत्तरी और दक्षिणी भारत के बड़े

इलाके पर विजय प्राप्त कर ली थी। उनके साथ आए 'तुर्क धर्म' से अपनी जीवन पद्धति को अलग दर्शाने के लिए 'हिंदू धर्म' नामक मुहावरे का प्रयोग किया गया था। इस प्रतिक्रियावादी काल के उपरांत 'धर्म' का वह अर्थ प्रचलित हो गया, जो हम वर्तमान में समझते हैं—मजहब।

आने वाली शताब्दियों में *रामायण* और *महाभारत* के क्षेत्रीय संस्करण बहुतायत से नजर आने लगे, जिनमें विभिन्न परिमाणों में मोक्ष, भक्ति के विचार तथा मजहब के रूप में धर्म की नई परिभाषा प्रचुरता से देखी जा सकती है।

रामायण और महाभारत महाकाव्यों का अनुमानित कालक्रम	
10000 ई.पू.	उपमहाद्वीप में हिमयुग का समापन (प्रलय?)
7000 ई.पू.	राम के जन्म की पारंपरिक रूप से माने जाने वाली तिथि
5000 ई.पू.	कृष्ण के जन्म की पारंपरिक रूप से माने जाने वाली तिथि
3000 ई.पू.	मिश्र में पिरामिडों का निर्माण हुआ
2500 ई.पू.	हड़प्पा सभ्यता
1500 ई.पू.	त्रग्वेद काल, धर्म का सर्वप्रथम संदर्भ
1000 ई.पू.	शतपथ ब्राह्मण काल, जो अधर्म की तुलना जंगल के कानून से करता है।
500 ई.पू.	बुद्ध द्वारा धम्म का उपदेश
300 ई.पू.	मौर्य साम्राज्य
200 ई.पू.	लोकप्रियता प्राप्त करने के लिए धम्म-पद और धर्म-शास्त्रों में होड़
100 ई.पू.	भारतीय-यूनानी (यवन) साम्राज्य
0	मौखिक रूप से प्रचलित लोकप्रिय महाकाव्यों को संस्कृत में लिपिबद्ध करने का कार्य क्रमबद्ध रूप से प्रारंभ हुआ
100 ईस्वी	कुषाण साम्राज्य
200 ईस्वी	अर्थ शास्त्र, काम शास्त्र, नाट्य शास्त्र

300 ईस्वी	गुप्त साम्राज्य
400 ईस्वी	बौद्ध, जैन और हिंदू प्रतीकों को चित्रित करने वाले गुफा मंदिर।
500 ईस्वी	मुक्त रूप से स्थापित पत्थर के मंदिरों का निर्माण आरंभ।
800 ईस्वी	आदि शंकराचार्य हिंदू मठव्यवस्था को संस्थागत बनाते हैं।
1000 ईस्वी	दक्षिण भारत में विधिवत रूप से महाकाव्यों का तमिल भाषा में लेखन।
1200 ईस्वी	उत्तर भारत में दिल्ली सल्तनत के साथ 'तुर्क धर्म' का आगमन
1400 ईस्वी	विजयनगर साम्राज्य द्वारा हिंदू धर्म की रक्षा।
1600 ईस्वी	उत्तर भारत में विधिवत रूप से महाकाव्यों का हिंदी भाषा में लेखन
1800 ईस्वी	ब्रिटिश राज
1900 ईस्वी	संस्कृत और क्षेत्रीय भाषा के महाकाव्यों का अंग्रेजी में अनुवाद

कवियों ने तमिल, तेलुगू, असमिया, उड़िया, बंगाली, कन्नड़, मलयालम, मैथिली, अवधी, मराठी, गुजराती और मारवाड़ी भाषा में भावुक गीतों को लिखना शुरू किया, जिनमें उन्होंने राम और कृष्ण से विनती की है कि वे उन्हें इस क्रूर और अन्यायपूर्ण दुनिया से बचाएँ। भावना (भक्ति) को कार्य (कर्म) और बुद्धिमत्ता (ज्ञान) से ज्यादा महत्व दिया गया। लगभग 500 वर्ष पूर्व भारत में भक्ति आंदोलन का उदय हुआ। इसका प्रभाव इतना व्यापक था कि मुगल बादशाह अकबर ने *रामायण* और *महाभारत* का फारसी भाषा में अनुवाद कराया एवं दरबारी चित्रकारों से भव्य कलाकृतियाँ बनवाईं।

लगभग 200 वर्ष पूर्व अंग्रेजों द्वारा भारत पर विजय प्राप्त करने के उपरांत *रामायण* और *महाभारत* के अनुवाद और विश्लेषण का कार्य आरंभ किया गया। नायकों (राम, कृष्ण), खलनायकों (रावण, कौरव), एवं पीड़ितों (सीता, पांडव) के यूरोपीय रेखाचित्रों के माध्यम से इन आख्यानों को पुन: प्रस्तुत किया गया। बहुत से लोगों को यह आश्चर्य होता है कि

यूनानी मिथकों की तरह, ये महाकाव्य आद्य-इतिहास थे या महज एक कल्पना।

महाकाव्यों की उपयोगिता

यह औपनिवेशिक प्रभाव आज तक जारी है। वामपंथी विचारों वाले हिंदुओं ने जहाँ *रामायण* और *महाभारत* की संकुचित व्याख्या करते हुए इन्हें पितृसत्तात्मक एवं जातिवादी व्यवस्था पर आधारित 'ब्राह्मणवादी वर्चस्व' को बढ़ावा देने वाले बताया, वहीं दक्षिणपंथी हिंदुओं ने बिना किसी पुरातात्विक साक्ष्यों के राम और कृष्ण को महान एवं समतावादी ऐतिहासिक नायक बताया, जो क्रमश: 7000 और 5000 वर्ष पूर्व जन्मे थे। वे हिंदुओं के स्मृतिलोप को 'हजार वर्ष की गुलामी' से जोड़ते हैं। आज स्थिति यह है कि 'धर्म' की हिंदू अवधारणा को प्रसारित करने में इन दो महाकाव्यों की भूमिका लगभग भुला दी गई है। भारत के दो महान महाकाव्यों को 'ज्ञान के कालजयी अभिलेखों' से 'गुजरे जमाने के अभिलेख' में बदल देने के लिए बर्बर राजनीतिक लड़ाई छिड़ी हुई है।

यदि आप इन दो महाकाव्यों को कालजयी वैदिक ज्ञान के स्रोत के रूप में देखना पसंद करते हैं, जिस उद्देश्य से उनकी रचना की गई थी, तो आप दोनों कहानियों में निम्नलिखित तत्व पाएँगे:

- एक समान पटकथा: निस्संतान राजा, विवादित राज, महत्वाकांक्षी रानियाँ, हिरन का शिकार, भाइयों का झगड़ा, वनवास, युद्ध, स्त्री

की मर्यादा का हरण, ब्राह्मणों की हत्या, कथानक में रचयिता का शामिल होना।

- एक समान ढाँचा: विरासत पर विवाद के कारण वनवास, आतंक का राज; युद्ध के पूर्व सहयोगी दलों का गठन, विजय, त्रासदी के पूर्व अंतिम हमला।
- एक समान कथावस्तु: भिन्न सामाजिक संदर्भों में, आंतरिक रूप से अपनी पाशविक वृत्तियों पर काबू पाना एवं बाह्य रूप से जंगल में अस्तित्व बचाए रखने के लिए संघर्ष।

दोनों महाकाव्यों का एकसमान ढाँचा		
रामायण अध्याय (कांड)	महाभारत अध्याय (पर्व)	कथावस्तु
1	1	एक लंबी प्रस्तावना, जिसमें रचयिता बताते हैं कि कैसे उन्होंने यह कहानी लिखी, किस तरह वे इस कहानी का हिस्सा है। इसके अलावा वह नायकों की वंशावली का उल्लेख करते हैं, यही कारण है कि ये महाकाव्य, पुराण न होकर, इतिहास हैं।
2	2	राजमहल के षड्यंत्रों के चलते दशरथ, अपने पुत्र राम को वन में जाने के लिए कहते हैं, इसी तरह कौरवों द्वारा जुए के खेल में की गई बेईमानी के कारण पांडवों को भी वन जाना पड़ता है।
3	3	राम और पांडव, दोनों अपना वनवास जंगलों में भटकते, हिरन का शिकार करते, राक्षसों से लड़ते, ऋषि-मुनियों से मुलाकात एवं पवित्र जगहों पर भ्रमण करते हुए व्यतीत करते हैं।

4	4	वैकल्पिक यथार्थ का अनुभव, राम वानरों के उस राज्य में पहुँचते हैं, जहाँ साम्राज्य को लेकर दो भाइयों में झगड़ा है। जबकि पांडव, एक ऐसे राज्य में सेवक के रूप में गुप्त प्रवास करते हैं, जिसके राजा की पत्नी का भाई सत्ता का दुरुपयोग करता है।
5	5	युद्ध की तैयारी-रावण को राम का संदेश देने के लिए हनुमान समुद्र पार यात्रा करते हैं और कृष्ण, कौरवों के साथ बातचीत कर शांति स्थापित करने का असफल प्रयास करते हैं।
6	6–11	युद्ध और रक्तपात, जिसमें सगे-संबंधियों की मृत्यु होती है।
7	12– 18	युद्ध के बाद राम, अपनी पत्नी के धरती में समा जाने के बाद गरिमामयी तरीके से मृत्यु का वरण करते हैं, और पांडवों को अपने माता-पिता, कृष्ण और अंतत: स्वयं की मृत्यु का सामना करना पड़ता है।

आप यह भी पाएँगे कि दोनों महाकाव्य कैसे एक-दूसरे के पूरक हैं। राम एक शाही राजवंश के ज्येष्ठ पुत्र हैं, जबकि कृष्ण एक चरवाहे या ग्वाला परिवार के कनिष्ठ पुत्र हैं। राम अपनी दिव्यता को लेकर अनभिज्ञ हैं, जबकि कृष्ण को अपनी दिव्यता का पूर्ण ज्ञान है। राम नियम-पालक हैं, जबकि कृष्ण नियमों का उल्लंघन करते रहते हैं। राम, राजा हैं, जबकि कृष्ण राजा को गद्दी पर आसीन करने वाले किंगमेकर।

रामायण		महाभारत
ज्येष्ठ पुत्र	*संपत्ति विवाद*	विवादित वरिष्ठता
एक पत्नीक नायक	*निस्संतान राजा*	एकाधिक पतियों वाली नायिका
उत्तर-दक्षिण दिशा में गमन	*हिरण का शिकार*	पूर्व से पश्चिम दिशा में गमन
राक्षस द्वारा स्त्री का हरण	*गंगा के मैदान*	राजा द्वारा स्त्री का हरण
निस्स्वार्थ नायक	*वनवास*	स्वार्थी नायक
पतिव्रता पत्नी	*स्त्रियों से दुर्व्यवहार*	नियोग प्रथा
निष्ठावान भाई	*हठी खलनायक*	प्रतिद्वंद्वी भाई
राजा के रूप में ईश्वर	*ब्राह्मण हत्या*	किंगमेकर के रूप में ईश्वर
दिव्यता को लेकर अनभिज्ञ	*युद्ध*	दिव्यता का पूर्ण ज्ञान
करुणा	*त्रासदपूर्ण अंत*	प्रतिशोध
सहानुभूति	*विष्णु*	अंधत्व
संयम		द्यूतक्रीड़ा अथवा जुआ

रामायण और *महाभारत* के मध्य ये समानताएँ और असमानताएँ अनजाने में या संयोगवश ही नहीं हैं। प्रत्येक गृहस्थ तक वैदिक ज्ञान को पहुँचाने के लिए यह जानबूझकर किया गया प्रयास है। ब्राह्मण, इस जगत के बारे में वैदिक जीवन दर्शन को प्रसारित करने के लिए उत्सुक थे और उन पर बौद्ध जीवन दर्शन हावी नहीं था। इस पुस्तक में लिखी गई बातों से प्रत्येक व्यक्ति सहमत नहीं होगा। यह ठीक भी है, क्योंकि:

> अनंत पुराणों में छिपा है सनातन सत्य
> इसे पूर्णत: किसने देखा है?
> वरुण के हैं नयन हज़ार,
> इंद्र के सौ,
> आपके मेरे केवल दो।

1

वृतांत

जिसके अंतर्गत हम यह जानने का प्रयास करते हैं कि कैसे दो महाकाव्य एक ही संदर्भ में अस्तित्व में आए, कैसे उनके पास रचयिता और पाठक/दर्शक एकसमान थे, और कैसे उन्होंने समय के साथ वैदिक और पौराणिक तत्वों को समाहित किया।

1

दोनों महाकाव्य एक ही भूगोल और इतिहास की उपज

राम ने 7,000 वर्ष पूर्व गंगा के मैदानी इलाकों से दक्षिणी तट तक यात्रा की, जबकि कृष्ण ने 5,000 वर्ष पूर्व पहले गंगा के मैदानी इलाकों से पश्चिमी तट तक यात्रा की थी। यह ज्योतिषीय गणनाओं पर आधारित परंपरागत जानकारी है। हालाँकि, इतिहासकार इसे साक्ष्य नहीं मानते।

महाराजा सयाजीराव यूनिवर्सिटी ओरिएंटल इंस्टीट्यूट ऑफ बड़ौदा में भारत के विभिन्न हिस्सों से *रामायण* के विभिन्न प्राचीनम संस्करणों को एकत्र किया गया है। शोधार्थी विद्वानों ने इस अभिलेखागार में मौजूद *रामायण* के विभिन्न संस्करणों के गहन अध्ययन के उपरांत ऐसी चौपाइयों का संकलन किया है, जो उनकी नजर में सबसे प्राचीन एवं प्रामाणिक हैं। इस संस्करण में 'लक्ष्मण रेखा' का कोई उल्लेख नहीं है; राम और लक्ष्मण की अनुपस्थिति में रावण, सीता का अपहरण करता है। ठीक इसी तरह, भंडारकर ओरिएंटल रिसर्च इंस्टीट्यूट पुणे में *महाभारत* के प्राचीनतम संस्करणों के अध्ययन के उपरांत विद्वानों द्वारा एक महत्वपूर्ण संस्करण का

संकलन किया गया है। इस संस्करण के अनुसार द्यूतक्रीड़ा कक्ष में द्रौपदी की रक्षा के लिए श्रीकृष्ण नहीं आते हैं, बल्कि कुछ अपशकुन कौरवों को ऐसा करने से रोकते हैं। निस्संदेह, विद्वानों के मध्य इस बात को लेकर मतभेद है कि कौन सा संस्करण प्राचीनतम है और कौन सा नहीं।

सामान्यतया, इन ग्रंथों के भाषायी रूप से किए गए विश्लेषण से यह पता चलता है कि इनमें व्याकरण के उन नियमों का इस्तेमाल किया गया है, जो प्रारंभिक वैदिक साहित्य में नहीं मिलते। व्याकरण के ये नियम पाणिनी द्वारा 2500 वर्ष पूर्व निर्धारित किए गए थे। वेदों की रचना पाणिनि के पहले हुई है, जबकि ये दोनों महाकाव्य, *रामायण* और *महाभारत*, पाणिनि के उपरांत लिपिबद्ध किए गए हैं।

इन महाकाव्यों का प्राचीनतम अंश 2300 वर्ष पुराना है, जबकि आधुनिकतम अंश 1700 वर्ष पुराना है। इसका तात्पर्य यह है कि ये महाकाव्य मौर्य और गुप्त साम्राज्यकाल की मध्यावधि में लिखे गए, जिस समय उत्तरी भारत के अधिकाँश इलाकों में इंडोग्रीक (यवन) और कुषाण राजाओं का शासन था, जबकि दक्कन में सातवाहन राजाओं का शासन था।

विद्वानों को इन दोनों आख्यानों की कथन-शैली में विभिन्न सूत्र मिले हैं। उदाहरण के लिए, *वाल्मीकि रामायण* के पहले और आखिरी अध्याय में इस्तेमाल की गई भाषा मध्य के पाँच अध्यायों से अलग है। इन कथाओं और संवादों को कई विद्वानों द्वारा लिखा और संपादित किया गया है, जिन्होंने कई पीढ़ियों तक अपने विद्यार्थियों और परिवारजनों में इन कथाओं को हस्तांतरित किया, जिसके कारण इनमें स्वाभाविक रूप से कई बदलाव हुए हैं। प्रारंभ में यह हस्तांतरण मौखिक था। लिखित रूप से यह हस्तांतरण बाद में हुआ। हम यह जानते हैं कि भारत में लेखन शैली का व्यापक रूप से विस्तार लगभग 2300 वर्ष पूर्व अशोक के शासनकाल के बाद ही हुआ है। अत: गणेश द्वारा वेदव्यास के लिए *महाभारत* का लिखना और हनुमान जी द्वारा शिलाओं पर राम का नाम लिखकर समुद्र में फेंकने की कहानियाँ बाद में अस्तित्व में आईं।

संभवतया राम और कृष्ण से जुड़ी ज्यादातर कथाएँ 1000 से लेकर 3000 वर्ष पूर्व तक की अवधि में गंगा के मैदानी भागों में घटी घटनाओं

पर आधारित या उनसे प्रेरित हैं। इन महाकाव्यों से पारंपरिक रूप से जुड़े स्थलों से वैदिक कालीन मिट्टी के बर्तन या मृदभांड भी प्राप्त हुए हैं।

बौद्धों और जैनों, जिन्होंने 2500 वर्ष पूर्व स्वयं को ब्राह्मणों से दूर करना प्रारंभ कर दिया था, को भी ये कथाएँ ज्ञात थीं। इन तीन समूहों ने इन कथाओं को पीढ़ियों तक मौखिक रूप से प्रसारित करने के उपरांत लिपिबद्ध किया। एक समान उद्गम हमें यह बताता है कि क्यों बौद्ध जातकों और जैन आगमों में *रामायण* और *महाभारत* के समान कथाएँ दृष्टिगोचर होती हैं।

ब्राह्मणों, बौद्धों और जैनों ने गंगा के मैदानी इलाकों से लेकर दक्षिण भारत तक यात्राएँ की। प्राचीनतम तमिल 'संगम' साहित्य में भी इन दोनों महाकाव्यों का उल्लेख मिलता है। संगम साहित्य में उन राजाओं का भी उल्लेख मिलता है, जिन्होंने कुरुक्षेत्र के युद्ध में भाग लेने के लिए अपनी सेनाएँ भेजी थीं। इससे यह पता चलता है कि न्यूनतम 2000 वर्ष पूर्व *रामायण* और *महाभारत* भारत के दक्षिणतम इलाकों में पहुँच चुके थे।

इन दोनों में से कौन सा महाकाव्य पहले अस्तित्व में आया? हम जानते हैं कि वैदिक संस्कृति का विस्तार पंजाब से लेकर गंगा के मैदानी इलाकों तक था, क्योंकि *ऋग्वेद* में सिंधु और अब लुप्त हो चुकी सरस्वती नदी का उल्लेख गंगा से अधिक बार आया है, जबकि *शतपथ ब्राह्मण* में गोमती के पार के इलाकों का विवरण मिलता है, जो गंगा के मैदानों को ऊपरी और निचले इलाकों में विभक्त करती है। *महाभारत* की कथा गंगा के ऊपरी मैदानी इलाकों तक सीमित है, जिसे कुरु-पांचाल कहा जाता है, जबकि *रामायण* में गंगा के निचले मैदानी इलाकों या विदेह का उल्लेख मिलता है। इसमें विंध्याचल और किष्किंधा पर्वत के पार जाने का भी वृतांत मिलता है। इसके अलावा *महाभारत* की तुलना में, *रामायण* में अधिक परिष्कृत पारिवारिक ढाँचा दृष्टिगोचर होता है। जिससे विद्वानों ने यह निष्कर्ष निकाला कि *महाभारत* की घटनाएँ तुलनात्मक रूप से पहले की हैं।

कुछ अन्य विद्वानों का यह भी मत है कि कृष्ण की कथा में गंगा के निचले मैदानी इलाकों-मगध से लेकर सुदूर पूर्व में असम तक एवं भारत के पश्चिमी तट पर बसी द्वारिका का भी उल्लेख मिलता है। जैन *महाभारत*

में द्वारिका के कृष्ण और मगध के जरासंध के बीच हुए संघर्ष का वर्णन है, जो गंगा के निचले मैदानी इलाके से संबंधित है। अत: इस संस्करण के अनुसार, *महाभारत* की घटनाएँ बाद की हैं। इस मत को मानने वाले *महाभारत* के इस तथ्य की ओर भी इशारा करते हैं, जिसमें ऋषियों द्वारा पांडवों को *रामायण* की कथा इतिहास के रूप में पढ़ाई जाती है, जबकि *रामायण* में राम को पांडवों के बारे में कोई जानकारी नहीं है।

2

दोनों महाकाव्यों की रचना ऐसे ऋषियों द्वारा की गई, जो घटनाओं के साक्षी हैं

यद्यपि कई लेखकों ने इन महाकाव्यों के संस्कृत और क्षेत्रीय संस्करणों में अपना योगदान दिया है, परंतु वाल्मीकि को मूल *रामायण* का रचयिता और व्यास को मूल *महाभारत* का रचयिता माना जाता है। इन दोनों ऋषियों या कवि-संतों ने यह दावा किया है कि उन्होंने जिन घटनाओं के बारे में लिखा है, वे उनके साक्षी हैं, और इसीलिए वे इन दोनों महाकाव्यों को मुखर रूप से इतिहास कहते हैं—

'और ऐसा वास्तव में हुआ'

लेकिन उसके पहले, यह जानना आवश्यक है कि ये ऋषि कौन थे?

हिंदुओं का मानना है कि सदियों पूर्व कुछ पुरुषों और महिलाओं को

सामान्य मनुष्यों से अलग ब्रह्मांड की विशिष्ट दैवीय सिद्धियाँ प्राप्त थीं। वे वह सुन और देख सकते थे, जो सामान्य मनुष्यों के लिए संभव नहीं था। वे ऋषि या संत कहलाए। उन्होंने अपने समक्ष घटी घटनाओं को देख व सुनकर स्त्रोत (मंत्रों) की रचना की, इन मंत्रों से मिलकर छंद (रिग) बना, छंदों से मिलकर कविता (सूक्त) बनी, जिनसे मिलकर अध्याय (मंडल) बने। छंदों का ये संकलन (संहिता) *ऋग्वेद* कहलाया, और जैसा कि स्पष्ट ही है कि इन मंत्रों में ईश्वरीय ज्ञान (विद्या) निहित है। इस रचना की भाषा संस्कृत के रूप में प्रचलित हुई–यानी ईश्वर की अपनी भाषा। *ऋग्वेद* के स्त्रोत (मंत्रों) की संगीतमयी प्रस्तुति सामवेद में है। *यजुर्वेद* में इन्हें कर्मकांडों से जोड़ दिया गया। उनमें से कुछ *अथर्ववेद* में मंत्र में परिवर्तित हो गए। इन अनुष्ठानों या कर्मकांडों को एक नियमावली के रूप में संकलित किया गया, जो ब्राह्मण-ग्रंथ कहलाए। स्त्रोत (मंत्र) में अंतर्निहित विचारों की खोज आरण्यकों में की गई और उनकी चर्चा उपनिषदों में की गई। उन्होंने 'ब्राह्मण' को प्रकट किया, जो मानव मन का वास्तुकार है और जिसमें भूख और भय से पार पाने, मन का विस्तार करने और अनंत को साकार करने की अद्वितीय क्षमता है।

यह वैदिक ज्ञान था। यह संहिताओं, ब्राह्मण ग्रंथों, आरण्यकों, और उपनिषदों में निहित है। इस ज्ञान को कंठस्थ करके पीढ़ी-दर-पीढ़ी संप्रेषित करने वालों (ट्रांसमीटर) को ब्राह्मण कहा जाता था। यदि अनंत ब्रह्मांड से वैदिक ज्ञान को ग्रहण करने वाले (प्रेषग्राही अथवा ट्रांसपोंडर्स) ऋषि कहलाए, तो उस ज्ञान को जनसामान्य तक संप्रेषित करने वाले लोग ब्राह्मण कहलाए।

वाल्मीकि और व्यास, दोनों ही ऋषि थे, पर वे ब्राह्मण नहीं थे। यानी वे ट्रांसपोंडर्स थे, ट्रांसमीटर नहीं। वाल्मीकि, भृगु ऋषि से अवतरित हुए थे। व्यास, ऋषि पाराशर के पुत्र एवं वशिष्ठ के पौत्र थे। भृगु और वशिष्ठ, सप्तऋषि समूह के दो प्राचीनतम एवं प्रारंभिक ऋषि हैं, जो कि ब्रह्मा के मानस पुत्र थे।

कहते हैं, वाल्मीकि ऋषि ने हजारों वर्षों तक बिना हिले-डुले इतनी घनघोर तपस्या की थी, कि उनके शरीर के चारों ओर दीमक ने अपनी

बांबी (मिट्टी का टीला) बना ली थी। 'व्यास' नाम का अर्थ है–संघटक या व्यवस्थापक, क्योंकि उन्होंने यत्र-तत्र बिखरे हुए वैदिक मंत्रों को संकलित और व्यवस्थित किया।

जैसा कि पहले भी बताया जा चुका है कि वाल्मीकि और व्यास, दोनों ने, अपने महाकाव्य में जिन घटनाओं का वर्णन किया है, वे उन घटनाओं के साक्षी और भागीदार भी रहे हैं। वाल्मीकि ने सीता को अपने आश्रम में उस समय शरण दी थी, जब राम ने किसी दुर्भावनापूर्ण गपशप के कारण उन्हें अयोध्या से निर्वासित कर दिया था। वाल्मीकि ने सीता को उनकी दो संतानों के लालन-पालन में सहायता की थी; उन्हें *रामायण* सुनाई थी; और राम के समक्ष सीता की पवित्रता की गवाही दी थी। व्यास ने विचित्रवीर्य की विधवा रानियों को गर्भवती किया था, जिसके कारण वे अंबिका के पुत्र धृतराष्ट्र और अंबालिका के पुत्र पांडु के जैविक पिता कहलाए और इस तरह वे कौरवों और पांडवों के पितामह थे।

वाल्मीकि और व्यास, दोनों ने, अपने काव्य की रचना पीड़ा के वशीभूत होकर की है। वाल्मीकि ने एक शिकारी को नर क्रौंच पक्षी का वध करते हुए देखा और उसकी मादा साथी के विलाप को सुनकर उनके मन में ऐसी करुणा जागृत हुई कि उन्होंने क्रोध में आकर उस शिकारी को श्राप दे दिया। वह श्राप एक काव्य के रूप में सामने आया। उन्होंने निश्चय किया कि वे राम कथा को काव्य के रूप में लिखेंगे जिसमें सीता राम के लिए, मंदोदरी रावण के लिए, और तारा बालि के लिए विलाप करती है। इस प्रकार वे इस संसार के 'आदिकवि' भी हैं। व्यास, कुरुक्षेत्र के युद्ध में अपने पोतों को संपत्ति के विवाद में एक-दूसरे की हत्या करते हुए असहाय भाव से देखते रहे।

अपना हाथ उठाते हुए, वे आश्चर्य व्यक्त करते हैं कि आखिर क्यों लोग धर्म का पालन नहीं करते, जबकि धर्म का पालन उन्हें इस लोक या जीवन में अर्थ और काम तथा परलोक या अगले जीवन में मोक्ष की गारंटी देता है।

3

दोनों कथाएँ ऐसे राजाओं को सुनाई गई हैं,
जो कहानी में स्वयं मौजूद हैं

वैदिक काल में, यजमान यज्ञ (अनुष्ठान) का संरक्षक और लाभार्थी दोनों होता था। यज्ञ ब्राह्मणों द्वारा संपन्न कराए जाते थे, जिसके दौरान वे देवताओं का आह्वान करते थे कि वे यज्ञ में अर्पित की जा रही सामग्रियों को स्वीकार करें एवं यजमान को अपना आशीर्वाद दें। इन अनुष्ठानों के दौरान कथावाचन या कहानी सुनाना, मनोरंजन का सर्वाधिक लोकप्रिय माध्यम था, जो कई बार महीनों और वर्षों तक जारी रहता था। *रामायण* और *महाभारत*, दोनों में, यजमान हमेशा राजा या क्षत्रिय (जो एक क्षेत्र या भूभाग की निगरानी करें) ही होता है। *रामायण* की कथा राम द्वारा कराए जा रहे यज्ञ के दौरान सुनाई गई, जबकि *महाभारत* की कथा जन्मेजय द्वारा कराए जा रहे यज्ञ के दौरान सुनाई गई।

राम अश्वमेध यज्ञ का आयोजन करते हैं, जो उन सभी इलाकों पर उनकी सत्ता को स्थापित करता है, जिसमें उनका शाही घोड़ा विचरण करता है। वे कवि एवं ऋषि वाल्मीकि के दो युवा शिष्यों–लव और कुश- के मुख से महाकाव्य को सुनते हैं, जो वास्तव में उनके ही पुत्र हैं; लेकिन वे ही यह नहीं जानते हैं। यह एक नाटकीय घटनाक्रम का सृजन करता है–एक राजा, अपनी ही कहानी को दो युवाओं के मुख से सुनता है, जो वास्तव में उसके स्वयं के पुत्र हैं। यह कथा राम की महानता का वर्णन करती है, लेकिन कथा सुनाने वाले ये दोनों बालक उनसे पीड़ित भी हैं।

राजपरिवार के कठोर नियमों का अक्षरश: पालन करने के कारण राम को अपनी पत्नी और इन कथावाचक युवाओं की माँ को राजमहल से निर्वासित करना पड़ता है। इस प्रकार, हम यह सोचने के लिए विवश होते हैं कि एक संदर्भ में जो व्यक्ति नायक है, दूसरे संदर्भ में वहीं व्यक्ति खलनायक है।

इसी तरह का नाटकीय घटनाक्रम *महाभारत* के पहले वृतांत में भी देखने को मिलता है। प्रतिशोध की भावना से भरे राजा जन्मेजय दुनिया के सभी सर्पों को मारने के लिए एक यज्ञ का आयोजन करते हैं, क्योंकि तक्षक नाग ने उनके पिता परीक्षित को डस लिया था। इस यज्ञ के दौरान व्यास के शिष्य वैशंपायन, राजा जन्मेजय के पूर्वजों की कथा सुनाते हैं और इस कथावाचन के दौरान हम जान पाते हैं कि किस तरह जन्मेजय के पूर्वज भरतवंशियों को साँपों के जंगल को जला देने के कारण उनके क्रोध का सामना करना पड़ा था। इस तरह हम अपने जीवन में कर्म की भूमिका को समझ पाते हैं। हमें ऐसा लगता है कि हम पीड़ित और शोषित हैं, जबकि वास्तव में, यदि हम बृहद दृष्टिकोण से देखें तो हम ही उत्पीड़क और शोषक हैं।

वैशंपायन के वृतांत को रोमहर्षना नामक एक चारण कवि सुनता है और इसे अपने पुत्र उग्रश्रवा को सुनाता है। उग्रश्रवा, नैमिष वन में इस कथा को ऋषि शौनक और उनके अनुयायियों को सुनाते हैं। यह वही नैमिष वन है, जिसमें राम ने लव और कुश के मुख से *रामायण* सुनी थी। पौराणिक परंपरा के अनुसार कथावाचक (सूत), अनुष्ठान करने वाले पुजारी (ब्राह्मण) की तुलना में अधिक महत्वपूर्ण हो जाता है। वैदिक काल में इन अनुष्ठानों, जप और मंत्रोच्चारण के माध्यम से जिस बात को अभिव्यक्त किया गया, उसे ही बाद में पात्रों और कथानक के माध्यम से व्यक्त किया गया।

रोचक बात यह है कि *रामायण* और *महाभारत*, दोनों में, हमें रचयिता के मुख से कथा सुनने को नहीं मिलती है। हम इस कथा को शिष्यों के मुख से सुनते हैं। दोनों ही महाकाव्यों में, यह कथा उसी व्यक्ति को सुनाई जा रही है, जो स्वयं कहानी में मौजूद है–वाल्मीकि, राम को लव और कुश के मुख से रामकथा सुनाते हैं, जबकि व्यास, एक भरतवंशी राजा को वैशंपायन के माध्यम से भरतवंशी राजाओं की कहानी सुनाते हैं।

4

दोनों महाकाव्यों में वैदिक देवता अधीनस्थ पात्रों के रूप में हैं

वैदिक काल के प्राथमिक अनुष्ठान 'यज्ञ' का उल्लेख *ऋग्वेद* के पहले स्त्रोत के रूप में किया गया है। यज्ञ के दौरान जिन देवताओं का आह्वान किया जाता था, उनमें मुख्य रूप से इंद्र (विजय के देवता), अग्नि (हव्यवाहक), सोम (एक पौधे का रस) और आंशिक रूप से वरुण (नैतिकता के देवता), सूर्य (सूर्य-देवता), वायु (पवन-देवता), अश्विनी कुमारों (सूर्य के पुत्र) और यम (मृत्यु के देवता) सम्मिलित थे। *रामायण* और *महाभारत*, दोनों में, यज्ञ अनुष्ठान और कुछ वैदिक देवताओं का उल्लेख है, लेकिन वे स्पष्ट रूप से सहायक भूमिकाओं में हैं।

रामायण के अनुसार, राम के जन्म में यज्ञ की महत्वपूर्ण भूमिका है। वैदिक अनुष्ठान के रूप में धरती पर हल चलाने या जुताई के दौरान राजा जनक को पुत्री के रूप में 'सीता' प्राप्त होती हैं। कहा जाता है कि हनुमान, सुग्रीव और बालि क्रमशः वायु, सूर्य और इंद्र की संतान थे, जो वानर प्रजाति की महिलाओं द्वारा जन्मे थे। *महाभारत* में, कुंती ने मंत्रों की शक्ति से सूर्य, यम (जिन्हें धर्म भी कहा जाता है), वायु और इंद्र का आह्वान करके कर्ण, युधिष्ठिर, भीम और अर्जुन को पुत्र के रूप में प्राप्त किया था। माद्री ने दिव्य अश्विनी कुमारों का आह्वान करके नकुल और सहदेव को पुत्र के रूप में प्राप्त किया था। राजा ध्रुपद ने भी यज्ञ के माध्यम से द्रौपदी और धृष्टद्युम्न को प्राप्त किया था।

दोनों महाकाव्यों में अग्नि की महत्वपूर्ण भूमिका है। *रामायण* में, वह अग्नि-परीक्षा का हिस्सा है। सीता अपनी पवित्रता को साबित करने के लिए अग्नि परीक्षा देती हैं। अग्नि प्रकट होकर राम से आग्रह करती हैं कि वे सीता को स्वीकार कर लें क्योंकि न केवल वे पवित्र हैं, बल्कि इसलिए भी, क्योंकि वे विष्णु के अवतार हैं, और दांपत्य जीवन में परस्पर विश्वास जैसे मामलों में उन्हें मानवीय क्षुद्रता से ऊपर होना चाहिए। *रामायण* के क्षेत्रीय संस्करणों में, असली सीता अग्नि की गोद में समा जाती है, और रावण नकली सीता को लंका ले जाता है। इस तरह अग्नि, सीता की पवित्रता की रक्षा करती है। *महाभारत* में भी अग्नि अपना रौद्र रूप दिखाकर खांडव वन को जलाकर साफ कर देती है, जिससे पांडवों को इंद्रप्रस्थ के निर्माण में सहायता प्राप्त होती है। इस प्रकार, दावानल (जंगल की आग) को महत्वाकांक्षा के कारण उत्पन्न हुए विनाश के रूप में नहीं देखा जाता है, बल्कि इसे भूख से कमजोर हुए एक वैदिक देवता को भोजन कराकर उसकी क्षुधा शांत करने का कार्य माना जाता है। यह तथ्य इस बात की ओर इशारा करता है कि जिस काल में ये दोनों महाकाव्य अपने परिपक्व रूप में पहुँचे, उस काल में वैदिक देवताओं का प्रभाव घट रहा था।

रामायण में, देवताओं का राजा इंद्र, गौतम ऋषि की पत्नी अहिल्या के साथ व्यभिचार करता है और उसे गौतम द्वारा श्राप दिया जाता है। यह कथा भी वर्णित है कि राम, इंद्र के पुत्र जयंत की एक आँख इसलिए फोड़ देते हैं क्योंकि वह कौवा बनकर सीता को परेशान करता है। रावण का पुत्र मेघनाद इंद्र को पराजित करता है और इसलिए उसे इंद्रजीत कहा जाता है। इंद्र, राम को रावण के विरुद्ध होने वाले युद्ध में उपयोग करने के लिए एक दिव्य रथ भी प्रदान करते हैं।

महाभारत में, पांडव इंद्र के स्वर्गलोक में प्रवेश पाते हैं, जहाँ सभी तरह की लिप्साओं का अंत होता है। लेकिन कहानी के दौरान उन्हें यह बताया जाता है कि एक उच्चतर स्वर्ग भी है–जहाँ विष्णु वास करते हैं–और जहाँ पहुँचने के बाद जीवन-मरण चक्र से मुक्ति मिल जाती है। यह तथ्य इस बात की ओर इशारा करता है कि कैसे प्राचीन वैदिक हिंदू धर्म, बाद के पौराणिक हिंदू धर्म में बदल गया।

5

दोनों महाकाव्यों में जगत के पालक विष्णु की परीक्षा होती है

पौराणिक हिंदू धर्म में, वेदों के अमूर्त विचारों-जो कि आनुष्ठानिक और काव्यात्मक रूप से व्यक्त किए गए हैं–को कथानक और पात्रों से भरी ऐसी कहानियों में बदल दिया गया है, जिसे सामान्य जनमानस आसानी से समझ सकता है। यहाँ पहली बार, हिंदू त्रिमूर्ति–ब्रह्मा, विष्णु और शिव हमारे सामने आते हैं। ब्रह्मा को ब्राह्मण के रूप में, विष्णु को राजा और शिव को तपस्वी के रूप में देखा गया है।

हिंदू समाज में ब्राह्मणों को दिए गए उच्च दर्जे के बावजूद, पुजारी जैसे ब्रह्मा की पूजा नहीं की जाती है। वे और उनके पुत्रों–देवता और असुर, राक्षस और यक्ष, पक्षी और नाग–को भूखे और असुरक्षित प्राणी के रूप में देखा गया है, इसलिए उन्हें आराधना के योग्य नहीं माना गया है।

इसके विपरीत, विष्णु और शिव ने अपनी भूख और असुरक्षा पर विजय प्राप्त कर ली है, और इसलिए उन्हें आराधना के योग्य माना गया है। शिव और विष्णु के बीच अंतर यह है कि समाज की गतिविधियों में भाग लेने के लिए शिव को मनाना पड़ता है, जबकि विष्णु स्वेच्छा से ऐसा करते हैं। *रामायण* और *महाभारत* मुख्य रूप से ऐसी कथाएँ हैं, जिनके माध्यम से हमें यह ज्ञात होता है कि किस तरह विष्णु समाज की गतिविधियों से जुड़े। वह अजर-अमर और अनंत हैं, लेकिन इन दोनों महाकाव्यों में, वे नश्वर और परिमित रूप धारण करते हैं–यानी मनुष्य के रूप में अवतार लेते हैं!

विष्णु विभिन्न कारणों से राम और कृष्ण का रूप धारण करते हैं। कुछ कहानियों में, वे ऐसा अपने द्वारपालों–जय और विजय–को मुक्त करने के लिए करते हैं, जिन्हें ऋषियों ने पृथ्वी या मृत्युलोक में जन्म लेने (रावण और शिशुपाल के रूप में) का श्राप दिया था क्योंकि जय और विजय ने अपने कर्तव्य का पालन करते हुए उन ऋषियों को विष्णु के निवास में प्रवेश नहीं करने दिया था। अन्य कहानियों में, वे ऐसा भू-देवी (पृथ्वी) के बोझ को कम करने के लिए करते हैं, जोकि ऐसे राजाओं के लालच के बोझ से दबी हुई है जिनके ऊपर उसकी देखभाल करने की जिम्मेदारी थी। इन कहानियों में, ब्राह्मणों ने विष्णु को पृथ्वी पर जाने और धर्म की पुनर्स्थापना करने के लिए विवश किया; और इसलिए, कई तस्वीरों में, विष्णु के दाहिने कंधे पर भृगु (शिकायत करने वाले ब्राह्मण के आदि रूप) के पदचिह्न नजर आते हैं।

वैदिक से पौराणिक हिंदुत्व की ओर हुए परिवर्तन के बारे में हमारी समझ पश्चदृष्टि (किसी घटना के घटित हो जाने के बाद आने वाली समझ) पर आधारित है। स्वाभाविक रूप से, सदियों में हुआ यह परिवर्तन उन लोगों को समझ नहीं आया होगा जो परिवर्तन की इस प्रक्रिया से गुजरे थे। जिस अव्यवस्थित तरीके से यह महान परिवर्तन हुआ, उसके बारे में जानने के लिए हमें उन ग्रंथों का कालक्रमानुसार अध्ययन करना होगा, जिनमें इन कहानियों का वर्णन है और जिनसे अब हम परिचित हैं।

रामायण और *महाभारत* हमारे पास उपलब्ध पहले कहानी संग्रह हैं। उन्हें 2,000 साल पुराने ऐसे प्राचीन पुराणों के रूप में देखा जा सकता है, जिनमें राम और कृष्ण का विष्णु के साथ संबंध बहुत स्पष्ट नहीं है। सबसे पहला पुराण, जो विष्णु को समर्पित है और जिसमें 'अवतार' शब्द पहली बार आया है, लगभग 1500 वर्ष पुराना है। शिव को समर्पित पुराण भी उसी समय के आसपास आया था, लेकिन देवी को समर्पित पुराण, जिसमें उन्हें संप्रभु दुर्गा या चंडी के रूप में दर्शाया गया है, लगभग 1,300 वर्ष पूर्व आया था।

संभवतया सबसे परिष्कृत पुराण, *भागवत पुराण*, लगभग 1,000 साल पहले ही अपने सबसे परिष्कृत रूप में पहुँचा, और इसमें हमें एक और परिवर्तन दिखाई देता है–भक्ति का उदय, जो भक्त को उसके आराध्य के साथ भावनात्मक संबंध में बाँधता है। हिंदू धर्म लगभग 3,000 वर्ष पूर्व

अनुष्ठान प्रधान धर्म था, लगभग 2,000 वर्ष पूर्व इसने कथा या आख्यान का स्वरूप ग्रहण किया, और लगभग 1,000 वर्ष पूर्व इसने भावनात्मक रूप धारण कर लिया। यह कर्म से ज्ञान और ज्ञान से भक्ति की ओर यात्रा थी। हमें प्रत्येक आयुवर्ग में ये तीनों आयाम नजर आते हैं, लेकिन इसका अनुपात भिन्न होता है।

आज, *रामायण* और *महाभारत* को *विष्णु पुराण* के विस्तार के रूप में देखा जाता है। ये हमें बताते हैं कि कैसे एक राजकुमार और एक ग्वाले ने भूखे और असुरक्षित संबंधियों और अपरिचितों के साथ संवाद करते हुए सांसारिक जीवन जीने के लिए वैदिक ज्ञान का उपयोग किया। राम और कृष्ण, दोनों एक जिम्मेदार गृहस्थ होने के साथ-साथ संसार से विरक्त तपस्वी भी हैं। सबसे महत्त्वपूर्ण बात यह है कि राम और कृष्ण के नाम का जाप करने से सांसारिक समस्याएँ हल होती हैं और यह हमें सांसारिक बंधनों से मुक्त करता है।

6

दोनों महाकाव्यों में जगत की प्रतीक देवियों के बचाव का वर्णन है

वेदों में श्री और वक जैसी देवियों का उल्लेख है जो लक्ष्मी और सरस्वती का प्रारंभिक रूप हैं, किंतु योद्धा देवियों के रूप में दुर्गा और काली की

उपासना का रीति-रिवाज बाद में अस्तित्व में आया। 2000 वर्ष पुराने तमिल संगम साहित्य में कोटरावई नामक देवी का उल्लेख मिलता है, जो संभवतया ऐसी पहली देवी हैं, जो युद्ध प्रेमी हैं और रक्त का सेवन करती हैं। दुर्गा की पहली तस्वीर एलोरा की गुफाओं और पल्लव मंदिरों में पाई जाती है, जो सातवीं शताब्दी के आसपास की है। इसमें आश्चर्य की कोई बात नहीं है कि बाद में तांत्रिक और लोक शैली में सुनाई गई *रामायण* और *महाभारत* की कथाओं में देवी की विस्तृत भूमिका है।

देवियों की कल्पना दो रूपों में की जाती है: पहली माँ के रूप में–जो स्वयं की और इस जगत की देखभाल कर सकती है, और दूसरी पुत्री के रूप में–जिसे सुरक्षा की आवश्यकता है। माँ के रूप में, वह प्रकृति है जो निरंकुश और अदम्य है, जैसे–काली अथवा चंडी; पुत्री के रूप में, वह संस्कृति है जो सौम्य और शुभ है; गौरी अथवा विमला अथवा मंगला, जो धन (लक्ष्मी), शक्ति (दुर्गा) और ज्ञान (सरस्वती) की प्रतीक है। वह ब्रह्मा से दूर हो जाती है, शिव को एक तपस्वी से गृहस्थ में बदल देती है, और विष्णु का संरक्षण चाहती है।

युद्ध के पूर्व, राम और पांडव, दोनों ही युद्ध की देवी और राजाओं की संरक्षक माँ दुर्गा का आह्वान करते हैं। कहा जाता है कि पारंपरिक रूप से वसंत ऋतु की नौ रातों में दुर्गा की पूजा की जाती थी; परंतु राम ने दुर्गा पूजा को शरद ऋतु में स्थानांतरित कर दिया ताकि वे युद्ध में जाने से पूर्व देवी का आशीर्वाद प्राप्त कर सकें। लगभग पाँच सौ वर्ष पूर्व, मध्यकालीन बंगाली कवि कृतिबास ने *रामायण* का बंगला भाषा में अनुवाद किया था, जिसमें यह वर्णन है कि शक्ति स्वरूपा माँ दुर्गा की उपासना करते समय उन्हें समर्पित किए जाने वाले कमल के फूल कम पड़ने पर राम अपनी एक आँख देवी को अर्पित करने के लिए तत्पर हो जाते हैं। उनकी भक्ति से प्रभावित होकर, देवी उनके सामने प्रकट होती हैं और उन्हें अपना आशीर्वाद देती हैं। *महाभारत* के एक तमिल संस्करण में, पांडवों को एक रात यह ज्ञात होता है कि उनकी पत्नी कोई साधारण स्त्री नहीं है, बल्कि एक देवी है, जो रात में हाथियों और भैंसों का शिकार कर अपनी प्यास बुझाती है, और उसे कुरुक्षेत्र के उस महान युद्ध का इंतजार है, जिसके

अंत में उसके पति उसका अपमान करने वाले कौरवों को मार कर उसे पूरी तरह से संतुष्ट करेंगे। पांडव यह समझ जाते हैं कि अगर उन्होंने ऐसा नहीं किया, तो वह स्वयं ही कौरवों को मार डालेगी, और उसके बाद समूची दुनिया का विनाश करने को तत्पर हो जाएगी, जिसने उसकी रक्षा की परवाह नहीं की।

लगभग 500 वर्ष पूर्व संस्कृत भाषा में रचित *अद्भुत रामायण* में, सीता दुर्गा का रूप धारण करती हैं और रावण के हजार सिर वाले पुत्र को मारती हैं, जिसे राम पराजित करने में असमर्थ हैं। इसी तरह, कवि संजय द्वारा इसी अवधि के आसपास रचित *बंगाली महाभारत, भारत पंचाली* में-यह वर्णन हैं कि कैसे अभिमन्यु की हत्या के उपरांत, जब पांडव अपने गुरु द्रोण से युद्ध करने से इनकार कर देते हैं, जो रात में कौरव सेना के सेनापति थे, तब द्रौपदी, अपनी पुत्रवधू और पांडव शिविर की अन्य महिलाओं के साथ पांडवों के हथियार लेकर कौरवों को परास्त करती हैं।

देवी के मंदिरों में, उन्हें प्राय: दो पुरुष देवताओं-हनुमान और भैरव के साथ दिखाया जाता है। *अद्भुत रामायण* में यह वर्णन है कि राम और लक्ष्मण को अहिरावण की कैद से मुक्त कराने के लिए हनुमान, माँ काली के समक्ष अहिरावण की बलि चढ़ा देते हैं। ब्रह्मचारी होने के कारण वे कभी भी देवी को किसी अन्य अभिप्राय से नहीं देखते हैं अत: वे उनके शाश्वत रक्षक बन जाते हैं। *महाभारत* में, भीम को प्राय: भैरव के अवतार के रूप में दर्शाया गया है। जिस तरह भैरव उन लोगों का सिर, धड़ से अलग कर देते हैं, जो देवी को वासना की दृष्टि से देखते हैं, उसी तरह भीम भी-कीचक से लेकर कौरवों तक-उन सभी लोगों का वध कर देते हैं, जो द्रौपदी (देवी की अवतार) का अपमान करते हैं। भैरव की ही तरह, भीम भी कौरवों का रक्तपान करते हैं और द्रौपदी के खुले केशों को रक्त से धोते हैं।

7

दोनों महाकाव्यों में संहारक शिव के भक्त हैं

रामायण में रावण को शिव का सबसे अनन्य भक्त बताया गया है। रावण ने 'रुद्र-स्तोत्र' की रचना की है, जो शिव का स्तुतिगान है। उसने भगवान शिव को समर्पित रुद्र-वीणा नामक वाद्ययंत्र का निर्माण भी किया है; जिसमें अपने सिर का इस्तेमाल लौकी की तरह, अपने हाथों का इस्तेमाल शहतीर या डंडी की तरह और अपनी शिरा-धमनियों का इस्तेमाल तार की तरह किया है। यहाँ तक कि वह कैलाश पर्वत को भी लंका ले जाना चाहता है, लेकिन शिव उसे ऐसा करने से रोकते हैं। वे पर्वत की ढलान पर अपने पैर की बड़ी अंगुली से दबाव बनाते हैं, जिससे रावण पर्वत के नीचे दब जाता है और क्षमा याचना करता है। फिर वह शिव से चंद्रहास नामक एक विशेष तलवार प्राप्त करता है। रावण को मारने के बाद, राम ने रामेश्वरम में एक शिव-लिंग की स्थापना की। ऐसा उन्होंने युद्ध में सहायता प्रदान करने के लिए शिव के प्रति आभार व्यक्त करने और उनके भक्त की हत्या के लिए क्षमा माँगने हेतु किया।

महाभारत में, अर्जुन को शिव से पाशुपत अस्त्र प्राप्त होता है। और जिस तरह शिव ने रावण के अभिमान को कुचला था, उसी तरह वे अर्जुन को भी नतमस्तक करते हैं। निर्वासन के दौरान, अर्जुन शिव को प्रसन्न करने के लिए वन में जाकर कठोर तपस्या करते हैं, जहाँ एक जंगली सूअर उन्हें परेशान करता है। क्रोध में आकर वह सूअर पर बाण चला देता है। बाद में, वह यह देख कर हैरान होता है कि उस सूअर को एक नहीं

बल्कि दो तीर लगे थे। एक आदिवासी शिकारी अथवा किरात यह दावा करता है कि उसने ही सूअर को मारा है। राजकुमार अर्जुन उस शिकारी के दावे को खारिज करते हैं और उसे अपनी योग्यता साबित करने के लिए द्वंद्वयुद्ध की चुनौती देते हैं। द्वंद्वयुद्ध के दौरान अर्जुन को यह एहसास होता है कि वह आदिवासी उस पर भारी पड़ रहा है। पराजित और नतमस्तक अर्जुन शिकारी का वेश धारण किए हुए शिव को पहचान लेता है और क्षमा याचना करता है। शिव प्रसन्न होकर उसे पाशुपत अस्त्र भेंट करते हैं।

शिव एक ऐसे देवता हैं, जो किसी पक्ष में नहीं रहते–*रामायण* में वे राम और रावण दोनों की सहायता करते हैं; *महाभारत* में, वे पांडवों और कौरवों दोनों की सहायता करते हैं। शिव, अर्जुन को पाशुपत अस्त्र देते हैं, और ध्रुपद को शिखंडी, धृष्टद्युम्न और द्रौपदी जैसी संतान प्राप्त करने का वरदान देते हैं, जो अंत में कौरवों, द्रोण और भीष्म की मृत्यु का कारण बनते हैं। ध्रुपद, शिखंडी, धृष्टद्युम्न और कुरुक्षेत्र युद्ध की समाप्ति के बाद की रात्रि में द्रौपदी की संतानों को मारने में शिव, अश्वत्थामा की सहायता करते हैं।

कई लोग *रामायण* और *महाभारत* को शिव उपासकों (शैवों) और विष्णु उपासकों (वैष्णवों) के मध्य प्रतिद्वंद्विता के रूप में देखते हैं। राम, जो विष्णु के अवतार हैं, शिव के भक्त रावण को मारते हैं। *महाभारत* में कृष्ण, जो कि विष्णु के अवतार हैं, शिव के कई भक्तों को मारते हैं, जिनमें सोनितपुर के राजा बाण, जिसने जरासंध के आदेश पर मथुरा पर आक्रमण किया था; काशीराज, जिसने अपने मित्र और पौंदर्क के राजा की मृत्यु का प्रतिशोध लेने के लिए द्वारका पर हमला किया था; और शाल्व, जिसने अपने उड़ते हुए रथ से द्वारका पर आक्रमण किया था, आदि शामिल हैं।

कई अन्य *रामायण* और *महाभारत* में शिव और विष्णु को एकजुट होते हुए देखते हैं। जब विष्णु, राम के रूप में अवतार लेते हैं, तो शिव उनके लघु भ्राता, लक्ष्मण के रूप में अवतार लेते हैं, जो उग्र स्वभाव के हैं और उनमें राम की तरह धैर्य नहीं है। जब विष्णु, कृष्ण के रूप में अवतार लेते हैं, तो शिव उनके ज्येष्ठ भ्राता, बलराम के रूप में अवतार लेते हैं। बलराम का स्वभाव भी जल्द क्रोधित होने का है और वे कृष्ण की माया

को समझने में असमर्थ रहते हैं। हिंदू मूर्तिकला विज्ञान में, लक्ष्मण और बलराम को शिव की तरह श्वेतवर्णी दर्शाया गया है, जबकि राम और कृष्ण को विष्णु की तरह काले या नीले रंग में चित्रित किया गया है। भक्ति काल में, कई लोगों ने ब्रह्मचर्य की ओर ध्यान देते हुए हनुमान को शिव के अवतार के रूप में देखा, जो राम की सहायता करते हैं, और अर्जुन को प्रोत्साहित करते हैं।

दोनों महाकाव्यों में यह उल्लेख है कि राम और पांडवों द्वारा वनवास के दौरान शिव मंदिरों की स्थापना की गई। राम ने रावण, ब्राह्मणों और लंका के कई राक्षसों की हत्या के पाप से मुक्त होने के लिए दक्षिण में रामेश्वरम और उत्तर में ऋषिकेश में शिव की आराधना की। कहते हैं कि कौरवों को मारने के बाद, पांडव अपने चचेरे भाई कौरवों, अपने भाई कर्ण, अपने शिक्षक द्रोण और अपने पितामह और पालक भीष्म की हत्या से अर्जित हुए पाप से मुक्त होने के लिए हिमालय स्थित केदारनाथ गए। शिव उनसे मिलने से मना कर देते हैं और एक बैल का रूप धारण करके भाग जाते हैं। लेकिन पांडव उस बैल को जबरन पकड़ने की कोशिश करते हैं, जिससे बैल कई टुकड़ों में विभक्त हो जाता है। प्रत्येक टुकड़ा एक शिव-लिंग बन जाता है, जिनकी हिमालय क्षेत्र में आज भी पूजा होती है। पुरी, उड़ीसा में, यह कहा जाता है कि अज्ञातवास के वर्ष के दौरान पांडवों ने जगन्नाथ के दर्शन किए और प्रत्येक ने आसपास के इलाकों में शिव मंदिरों की स्थापना की। राम और पांडवों द्वारा शिव मंदिरों की स्थापना की ऐसी ही कहानियाँ महाराष्ट्र और केरल में भी पाई जाती हैं।

2

परिवार

जिसमें हम इस बात पर चर्चा करेंगे कि कैसे ये दोनों महाकाव्य संतान रहित पिताओं, महत्वाकांक्षी माताओं, सहायक भाई-बहनों और जीवनसाथियों द्वारा अभिनीत एक पारिवारिक नाटक हैं।

8

दोनों महाकाव्यों में संपत्ति को लेकर
पारिवारिक विवाद है

रामायण और *महाभारत* के बीच समानता को समझने के लिए, हमें इनकी तुलना दो महान यूनानी महाकाव्यों, द *इलियड* और द *ओडिसी* के साथ करनी होगी। दोनों यूनानी महाकाव्य रानी हेलेन, जो पेरिस नाम के एक ट्रॉय के राजकुमार के साथ चली गई थी, को वापस लाने के लिए यूनान द्वारा ट्रॉय की दस वर्ष लंबी चली घेराबंदी की कथा पर आधारित हैं। द *इलियड* में युद्ध के अंतिम वर्ष में यूनानी नायक एकलीस की कहानी का वर्णन है, जबकि द *ओडिसी* में ऑडेसियस की घर लौटने की लंबी यात्रा की कहानी है।

एकलीस उस समय क्रोधित हो जाता है, जब उससे अपनी प्रेयसी को यूनानी सेना के नायक के पास भेजने को कहा जाता है और इसलिए वह युद्ध से हट जाता है। इसका भयावह परिणाम होता है। यूनानी सेना कई पराजयों का सामना करती है। एकलीस, सिर्फ अपने प्रियसी पैट्रोक्लस की मृत्यु का बदला लेने के लिए युद्ध में लौटता है। उसकी यह वापसी ट्रॉय के

पतन की शुरुआत की प्रतीक है, जिसे इलियम कहा जाता है–इसलिए इस महाकाव्य का शीर्षक, द *इलियड* है। अंत में ट्रॉय को पराजित करने और क्रूरतापर्वक लूटने के बाद यूनानी वापस लौट जाते हैं। हालाँकि, ऑडेसियस, को समुद्र-देवता पोसिडॉन के क्रोधित होने के कारण मार्ग में कई बाधाओं का सामना करना पड़ता है। जिसमें स्काइला और शैरीबिस जैसे राक्षसों के साथ मुठभेड़, और सिरेंस, कैलिप्सो और सिरस जैसी कामुक अप्सराओं के साथ मुलाकात भी शामिल है। घर छोड़ने के बीस साल बाद और ट्रॉय छोड़ने के दस वर्ष बाद वह अपने घर इथाका पहुँचता है और अपनी पत्नी पेनेलोप को पाकर प्रसन्नता से भर उठता है जो इतने समय से निष्ठापूर्वक उसकी प्रतीक्षा कर रही थी।

दोनों कहानियाँ शक्ति और अधिकार प्राप्त करने के इच्छुक व्यक्तियों और उनके संघर्षों के बारे में हैं। दोनों महाकाव्य व्यक्तिवाद, वीरता तथा खलनायकों और उत्पीड़न के विरुद्ध युद्ध के बारे में पश्चिमी देशों के जुनून को अभिव्यक्त करते हैं–इन्हीं विषयों को बाइबिल के पैगंबरों और कॉमिक्स के सुपरहीरो द्वारा भी आगे बढ़ाया गया है। जहाँ यूनानी नायक स्वयं के लिए लड़ता है, बाइबिल के पैगंबर अपनी जनजाति के लिए लड़ते हैं, और सुपर हीरो किसी शहर या दुनिया को बचाने के लिए लड़ता है।

इसके विपरीत, *रामायण* और *महाभारत* मूलतया पारिवारिक नाटक हैं, जिसमें प्रत्येक व्यक्ति का एक पारिस्थितिकी तंत्र में किसी अन्य व्यक्ति के साथ सह-अस्तित्व है, जैसे कोई वृक्ष जंगल में मौजूद हो। इनमें न ही यूनानी महाकाव्यों की तरह अलगाववादी व्यक्तिवाद है, और न ही बाइबिल के आख्यानों की तरह जनजातीय निष्ठा। भारतीय महाकाव्य पूरी तरह मानवीय संबंधों के बारे में हैं।

रामायण सूर्य वंश और *महाभारत* चंद्र वंश से संबंधित है। ज्यादातर हिंदू राजाओं ने अपने राज की वैधता को स्थापित करने के लिए इन दो शाखाओं के साथ अपने वंश का संबंध स्थापित किया है। दोनों महाकाव्यों में, हमें विभिन्न परिवार और उनकी राजनीति के दर्शन होते हैं।

रामायण में, हमें किष्किंधा के वानर कुल और लंका के राक्षस कुल में पारिवारिक तनाव देखने को मिलता है। *महाभारत* में, यदुकुल का उल्लेख

है, जिनकी पुत्री का विवाह कुरु वंश की पांडव शाखा में हुआ है, और गांधार कुल की पुत्री का विवाह कौरव शाखा में हुआ है। दोनों महाकाव्यों में, उत्तराधिकार को लेकर हुए पारिवारिक संघर्षों का विवरण है। *रामायण* में, भाइयों के तीन समूहों के मध्य आपसी तनाव का विवरण मिलता है:

- अयोध्या में राम और भरत के मध्य—भरत, अपनी माँ कैकेयी की अवसरवादिता का लाभ उठाने से मना कर देते हैं और जोर देकर कहते हैं कि ज्येष्ठ भ्राता राम ही हमेशा राजा रहेंगे।
- किष्किन्धा में सुग्रीव और बाली के मध्य—यद्यपि उनके पिता ने राज्य को आपस में साझा करने के लिए कहा था, लेकिन ताकतवर भाई बाली किसी गलतफहमी के कारण अपने कमजोर भाई सुग्रीव को बाहर निकाल देता है।
- लंका में कुबेर और रावण के मध्य—ताकतवर रावण अपने ज्येष्ठ भ्राता कुबेर को उसी शहर से बाहर निकाल देता है, जिसका उसने ही निर्माण किया था, तथा खुद को राजा घोषित कर देता है।

महाभारत में भी इसी तरह का संघर्ष देखने को मिलता है कि हस्तिनापुर का असली राजा कौन है! प्रत्येक गुजरती पीढ़ी के साथ वैध उत्तराधिकार के साथ जुड़े नियम तेजी से जटिल और नाजुक होते गए है।

- भीष्म अपने कमजोर भाइयों के लिए स्वेच्छा से राजपाट त्याग देते हैं—चित्रसेन, जिसकी युवावस्था में ही मृत्यु हो जाती है, और विचित्रवीर्य, जो अपने लिए पत्नी अर्जित करने में असमर्थ है।
- विचित्रवीर्य के कनिष्ठ पुत्र, पांडु को राजा बनाया जाता है क्योंकि ज्येष्ठ पुत्र, धृतराष्ट्र, जन्म से नेत्रहीन है। जहाँ पांडु संतान पैदा करने में अक्षम हैं, वहीं धृतराष्ट्र इतने पौरुष से भरे हुए हैं कि वे सौ पुत्रों के पिता बनते हैं।
- युधिष्ठिर, जो पाँचों पांडु पुत्रों में ज्येष्ठ हैं, धृतराष्ट्र के ज्येष्ठतम पुत्र दुर्योधन से पहले जन्म लेते हैं, यद्यपि दुर्योधन, युधिष्ठिर के पूर्व अपनी माँ के गर्भ में आ गया था।

संपत्ति को लेकर भाइयों के मध्य होने वाले इस विवाद के चिह्न स्वयं देवताओं की कथाओं में भी देखे जा सकते हैं, जो इसकी शाश्वत प्रकृति का संकेत देते हैं। ब्रह्मा, जो कि प्रथम जीव माने जाते हैं, के मानस पुत्र का नाम कश्यप था, जिन्होंने अनेक पत्नियों से विवाह करके अपने कुल में वृद्धि की। उनकी अनेक संतानों के मध्य आपस में निरंतर झगड़ा होता रहता है।

- दिति के पुत्र दैत्य, अदिति के पुत्र आदित्य से लड़ते हैं, जो अंतत: स्वर्ग पर आधिपत्य को लेकर असुरों और देवताओं के मध्य युद्ध के रूप में बदल जाता है।
- कद्रू की संतानें, नाग और विनाता के पुत्र गरुड़ के मध्य अमृत को लेकर संग्राम होता है।
- पुलत्स्य के वंशज, विश्रवा की संतानें एवं दो अलग-अलग माताओं से जन्मे यक्ष और राक्षस, जंगलों पर वर्चस्व और अंत में शांति के लिए आपस में लड़ते रहे; यक्ष उत्तर की ओर जाते हैं, जहाँ का शासन कुबेर के अधीन है, और राक्षस दक्षिण की ओर जाते हैं, जो रावण के अधीन है।

यह तथ्य कि, समस्त जीवित प्राणी ब्रह्मा की संतानें हैं, उन्हें आपस में भाई बहन बनाता है। इसीलिए 'वसुधैव कुटुंबकम' नामक सूक्ति की रचना हुई, जिसका अभिप्राय है कि समस्त दुनिया एक परिवार है। हालाँकि, यह एक खुशहाल परिवार नहीं है। यह एक ऐसा परिवार है जो सदैव संसाधनों, क्षेत्र और संपत्ति को लेकर झगड़ता रहता है।

9

दोनों महाकाव्यों की शुरुआत
निस्संतान राजाओं से होती है

रामायण और *महाभारत* के कथानक की शुरुआत निस्संतान राजाओं की कहानियों से होती है, जिन्हें पुत्र प्राप्ति के लिए किसी दिव्य कृपा की आवश्यकता होती है।

रामायण में, अयोध्या के राजा दशरथ की तीन रानियाँ हैं, लेकिन वे निस्संतान हैं। और इसीलिए, वे ऋष्यशृंग या शृंगी ऋषि को एक यज्ञ के आयोजन हेतु आमंत्रित करते हैं जिससे उन्हें संतान प्राप्ति हो सके। जैसा कि हमें बताया गया है, ऋष्यशृंग के पास दिव्य शक्तियाँ हैं, जो उन्हें स्त्रियों से उनकी दूरी और ब्रह्मचर्य के कारण प्राप्त हुई हैं। उनके पिता विभांडक नामक एक ब्रह्मचारी ऋषि थे। एक सुंदर महिला को देखकर वे अपनी इंद्रियों पर से नियंत्रण खो बैठे और उनका वीर्य स्खलित हो गया, जिसे एक मादा हिरन ने ग्रहण कर लिया। उस हिरनी ने ऋष्यशृंग को जन्म दिया, जिनके मस्तक पर अपनी माँ की तरह सींग थे। वह स्त्रियों के बारे में किसी भी प्रकार के ज्ञान के बिना वयस्क हुए थे, अत: उन्हें आकर्षित करने और दशरथ के महल में लाने के लिए एक गणिका या वैश्या को भेजा गया। *रामायण* के कुछ आंचलिक और लोक संस्करणों के अनुसार, ऋष्यशृंग को लाने के लिए भेजी गई स्त्री कोई गणिका नहीं, बल्कि दशरथ की पुत्री शांता थी, जिसे लोमशा को गोद दे दिया गया था। ऋष्यशृंग, लोमशा के सूखाग्रस्त राज्य में बारिश लाने में सक्षम है और इसलिए उनसे

यह अपेक्षा है कि वे अपनी दिव्य शक्तियों से अयोध्या के निस्संतान शाही परिवार को संतान सुख प्रदान करने में सक्षम होंगे। वे देवताओं को प्रसन्न करने में सफल होते हैं, और अनुष्ठान वेदी की अग्नि से एक दिव्य पुरुष प्रकट होता है, जो दशरथ को अमृत का एक ऐसा पात्र प्रदान करता है, जिसके पान से स्त्री का पुत्रवती होना अवश्यंभावी होगा। दशरथ उस अमृत को अपनी वरिष्ठ रानी कौशल्या और अपनी पसंदीदा रानी कैकेयी के मध्य समान रूप से विभाजित करते हैं, और वे दोनों अपना आधा हिस्सा सबसे छोटी रानी सुमित्रा को दे देती हैं। और इस प्रकार, तीन रानियाँ दशरथ के चार पुत्रों को जन्म देती हैं–कौशल्या ने राम को, कैकेयी ने भरत को, और सुमित्रा ने जुड़वाँ भाइयों, लक्ष्मण और शत्रुघ्न को जन्म दिया।

महाभारत में, भीष्म अपनी सौतेली माँ सत्यवती को आश्वस्त करने के लिए आजीवन ब्रह्मचर्य की प्रतिज्ञा लेते हैं ताकि वे ऐसी किसी संतान को जन्म न दें, जो सत्यवती से पैदा हुए अपने सौतेले भाइयों को हस्तिनापुर के सिंहासन के लिए चुनौती दे। इसके बाद ही सत्यवती हस्तिनापुर के राजा शांतनु से विवाह करती है। लेकिन सत्यवती दो निर्बल पुत्रों को जन्म देती है। जिसमें से एक पुत्र की अल्पायु में ही एक द्वंद्वयुद्ध के बाद मृत्यु हो जाती है। दूसरा पुत्र विचित्रवीर्य, अपने लिए पत्नी अर्जित करने में असमर्थ है। अतः भीष्म, काशी की तीन राजकुमारियों का अपहरण कर लेते हैं जिनमें से दो–अंबिका और अंबालिका–विचित्रवीर्य से विवाह करती हैं। संतान प्राप्ति के पूर्व ही विचित्रवीर्य का देहांत हो जाता है। सत्यवती अपने पुत्र व्यास को बुलाती हैं, जो कि राजा शांतनु से विवाह करने के पूर्व, उनकी और ऋषि पाराशर की संतान थे। वे उनसे अपनी विधवा पुत्रवधुओं को गर्भवती करने का आग्रह करती हैं। ऋष्यशृंग की तरह, व्यास भी एक ब्रह्मचारी तपस्वी हैं। लेकिन देवताओं से कोई दिव्य औषधि या अमृत प्राप्त के बजाए, वे व्यास को प्रत्यक्ष रूप से रानियों के पास जाने को कहती हैं। व्यास उनसे कुछ समय देने का अनुरोध करते हैं ताकि वे अपना रूपरंग सँवार सकें। परंतु अधीर सत्यवती उन्हें समय देने से इनकार कर देती है, अतः वे दोनों रानियों के कक्ष में जाते हैं, जिसके परिणामस्वरूप दोनों रानियां विकृत संतानों को जन्म देती हैं–पहली रानी नेत्रहीन धृतराष्ट्र को

जन्म देती है और दूसरी रानी निर्बल और संभवतया नपुंसक पांडु को जन्म देती है। पांडु तभी पिता बनने में सक्षम हैं, जब उनकी पत्नियाँ मंत्रों का जाप करके देवताओं का आह्वान करें। यम, वायु और इंद्र से कुंती को तीन पुत्र प्राप्त होते हैं–युधिष्ठिर, भीम और अर्जुन। जुड़वाँ अश्विनी कुमार से माद्री को जुड़वाँ बेटे–नकुल और सहदेव प्राप्त होते हैं।

रामायण में, एक उर्वर एवं तेजस्वी ऋषि यज्ञ के आयोजन के फलस्वरूप देवताओं की कृपा से दशरथ को चार पुत्रों की प्राप्ति में सहायता करते हैं। *महाभारत* में, एक उर्वर एवं तेजस्वी ऋषि किसी भी तरह के यज्ञ और देवताओं की कृपा के बिना विचित्रवीर्य की विधवाओं को गर्भवती करने और संतान प्राप्त करने में सहायता करते हैं। बाद में, देवता प्रत्यक्ष रूप से पांडु की पत्नियों को गर्भवती करते हैं। *रामायण* में जो बात चमत्कारिक (कुछ लोगों की नजर में अंतर्निहित) है, *महाभारत* में सुस्पष्ट है।

दोनों ही मामलों में, निस्संतान घरों को पुनर्जीवित करने के लिए ब्रह्मचारी साधुओं और देवताओं को आमंत्रित किया जाता है। वास्तव में यह पौरुष का संकट है। दशरथ और शांतनु दोनों ही पौरुषहीन व्यक्ति के रूप में दर्शाए गए हैं, जिन्हें अपने शाही पौरुष को बहाल करने के लिए ऋषियों के हस्तक्षेप की आवश्यकता होती है। इस प्रकार, आध्यात्मिक शक्ति सांसारिक कमियों की पूर्ति करती है। इन कहानियों का उद्देश्य सांसारिक शक्तियों की सीमाओं को दिखाना भी है। ऋषियों की तपस्या राज्यों के कल्याण में योगदान देती है। *रामायण* और *महाभारत* दोनों इस ओर हमारा ध्यान आकर्षित करते हैं कि कैसे वनवासी तपस्वियों ने अपने पुरुषार्थ से पत्नी और संतान प्राप्ति में अक्षम एक अनुर्वर राजा के कारण कमजोर पड़ती सामाजिक व्यवस्था को फिर से जीवंत कर दिया। प्रकृति के अनुकूलन से ही संस्कृति का निर्माण होता है। वन और अरण्यों को अनुकूल बनाने से ही गाँवों और शहरों का निर्माण हुआ है।

समय के साथ, लोगों के भोगविलास में लिप्त हो जाने के कारण इस सभ्य दुनिया की ऊर्जा कम हो जाती है। तपस्वी लोग प्रकृति के अनंत भंडार से इस क्षीण हुई ऊर्जा की आपूर्ति करते हैं।

वे तपस्या करते हैं-इंद्रियों को नियंत्रित कर उन्हें अनुशासित करते हैं, तथा सांसारिक आवेगों और प्रलोभनों से अभिभूत नहीं होते। इससे यह आंतरिक अग्नि या तप उत्पन्न होता है जिसका उपयोग राजाओं द्वारा समाज को फिर से जीवंत करने के लिए किया जाता है। वे देवताओं का आह्वान करके निस्संतान राजाओं को पिता बनाकर समाज को पुनर्जीवित करने का कार्य करते हैं।

<h1 style="text-align:center">10</h1>

दोनों महाकाव्यों में आज्ञाकारी पुत्र हैं

चीनी दार्शनिक कन्फ्यूशियस के अनुसार, एक सुव्यवस्थित समाज की स्थापना तभी होती है जब समाज के विषय राजाओं की इच्छा के अनुरूप, महिलाएँ पुरुषों की इच्छा के अनुरूप, युवा पीढ़ी वृद्धों की इच्छा के अनुरूप और संतानें अपने माता-पिता की इच्छा के अनुरूप चलते हैं। इस प्रकार सभी सभ्य समाजों में अनुशासन एक सद्गुण माना गया है। विश्व के बड़े धर्म—यहूदी, ईसाई और इस्लाम—भी कहते हैं कि मनुष्यों को किस तरह इस जगत के निर्माता ईश्वर की इच्छा का पालन करना चाहिए। यह संदेश देवदूतों और पैगंबरों के माध्यम से पवित्र किताबों में दिया गया है। इसी तरह, *रामायण* और *महाभारत* में, जिनमें राजा, राजपरिवार, संपत्ति विवाद इत्यादि का वर्णन है, आज्ञाकारिता को सर्वोपरि मानवीय गुण के रूप में माना गया है—इन दोनों महाकाव्यों में ऐसे पुत्रों का यशोगान है

जिन्होंने अपने अतार्किक पिताओं की आज्ञा का पालन बिना किसी शर्त और हिचक के किया।

लेकिन यह मामला इतना सरल नहीं है।

रामायण में, राम अयोध्या के राजसिंहासन पर अपने दावे का त्याग कर देते हैं और बिना किसी पछतावे के चौदह साल के लिए वन में चले जाते हैं। ऐसा वे अपनी पारिवारिक प्रतिष्ठा को बनाए रखने के लिए करते हैं। इस प्रकार, वे शाही जीवन की शक्तियों और सुख-सुविधाओं से दूर, प्रकृति की कृपा पर आश्रित रहते हुए वन में अपनी युवावस्था के दिन व्यतीत करते हैं। वन से अपनी वापसी के बाद, पुन: वे अपने परिवार की प्रतिष्ठा की रक्षा के लिए पत्नी का परित्याग कर देते हैं। उन्होंने अपने पिता की इच्छा और परिवार की प्रतिष्ठा को अपनी निजी इच्छाओं से बढ़कर माना, फलरूवरूप उन्हें आदर्श पुत्र माना गया है।

महाभारत में, देवव्रत अपने पिता के सिंहासन और अपने वैवाहिक अधिकारों तक का परित्याग कर देते हैं, ताकि उनके वृद्ध पिता शांतनु, मछुआरिन सत्यवती से विवाह कर सकें। इस प्रकरण में, पिता अपने पुत्र से कुछ भी त्यागने के लिए नहीं कहते हैं, बल्कि स्वयं पुत्र ही अपने पिता को पीड़ित और दुखी नहीं देख पाता है। अतएव, महाकाव्य में सारा संकट ही इसी बात का है कि एक पुत्र अपने पिता को खुश देखने के लिए अपनी व्यक्तिगत खुशियों का त्याग कर देता है। अपने वैवाहिक अधिकारों को त्यागकर, देवव्रत स्वयं को संतानोत्पत्ति से रोकते हैं, जिसका अर्थ यह है कि वे अपने पूर्वजों के पितृऋण से कभी मुक्त नहीं हो पाएँगे। यह एक कठोर प्रतिज्ञा (जिसे संस्कृत में भीष्म कहा जाता है) थी। इसीलिए देवव्रत को भीष्म भी कहा जाता है, यानी एक ऐसा व्यक्ति जो अपनी कठोर प्रतिज्ञा के फलस्वरूप हमेशा के लिए अपना स्थान नरक में सुरक्षित (संतानहीन होने के कारण) कर लेता है। वह कभी भी इस दुर्भाग्य से मुक्त नहीं हो पाएगा, क्योंकि उसकी सहायता करने के लिए पृथ्वी पर उसकी कोई संतान मौजूद नहीं है।

राम और भीष्म, दोनों ही, अपने पिता के लिए अपनी युवावस्था और जीवन की खुशियों का परित्याग कर देते हैं और ऐसा करके वे अपने

परिवारों का सम्मान अर्जित करते हैं। फिर भी, राम को एक अवतार के रूप में देखा जाता है, भीष्म को नहीं। राम की नजर में अयोध्या, उनके पिता से बढ़कर है। राज्य के किसी भी निवासी को राजा और राजपरिवार की अखंडता पर संदेह नहीं होना चाहिए। जहाँ तक भीष्म का प्रश्न है, उनका बलिदान हस्तिनापुर के लिए नहीं, केवल अपने पिता की वासना को संतुष्ट करने के लिए है। इसलिए, जहाँ राम की आराधना की जाती है, वहीं भीष्म का शरीर बाणों से बेध दिया जाता है, और वे अपने परिवार के सदस्यों द्वारा एक दूसरे की हत्या के दृश्य देखने को मजबूर होते हैं।

इस आज्ञापालन के उद्देश्य, निर्णय के पीछे के विचार, और ऐसे व्यवहार को तय करने वाले विश्वास पर प्रश्न उठाए गए हैं। राम सामाजिक स्थायित्व के प्रति अधिक चिंतित हैं, जो उनके पिता की खुशियों से अधिक राजपरिवार के प्रति प्रजा के विश्वास पर निर्भर करता है। भीष्म की नजर में, उनके पिता की खुशियाँ राज्य की स्थिरता से अधिक मायने रखती है।

मनोविश्लेषक यूनानी मिथकों में पाए गए 'इडिपस कॉम्प्लैक्स' (अपनी माता के प्रति कामवासना का भाव) के बारे में बताते हैं, जिनमें एक व्यक्ति अनजाने में अपने पिता की हत्या करके अपनी माँ से विवाह करता है। यह अपराधबोध से ग्रसित संस्कृति को दर्शाता है, क्योंकि युवा पीढ़ी अपनी बुजुर्ग पीढ़ियों पर हावी है। मनोविश्लेषकों को हिंदू मिथकों में इसका ठीक विपरीत—'ययाति भाव' देखने को मिला है—जिसमें पिता, पुत्र पर हावी है; अथवा अन्य शब्दों में, पुत्र पर पिता की इच्छा हावी है। हालाँकि, एक गहन पड़ताल से पता चलता है कि दोनों पुत्रों—राम और भीष्म—ने अपने पिता की इच्छा ही पूरी की। राम के मामले में, इसका प्रभाव सकारात्मक है। भीष्म के मामले में, इसका प्रभाव नकारात्मक है। जहाँ भीष्म अपने निर्णय से हुए नुकसान को दूर करने के लिए संघर्ष करते हैं, वहीं कृष्ण हस्तक्षेप करते हुए उन्हें बाणों की शैय्या पर लिटा देते हैं, और संसार को अपना निर्णय स्वयं लेने देते हैं।

राम अपने करीबियों की कीमत पर सारे संसार की देखभाल करने में सफल रहे। दूसरी ओर, भीष्म अपने परिवार की एकता बनाए रखने के प्रयास में अपने राज्य को पीड़ित होने देते हैं। यही कारण है कि जहाँ राम

ईश्वर हैं, वहीं भीष्म, दोषों से युक्त एक साधारण सम्माननीय बुजुर्ग हैं।

हालाँकि, कृष्ण, यूनानी नायकों की तरह अपने पिता समान वयोवृद्ध लोगों को चुनौती देते हैं। वे अपने मामा कंस और कंस के ससुर, जरासंध का वध करते हैं। बाद में, वे पांडवों को अपने सम्माननीय बुजुर्गों के वध हेतु प्रेरित करते हैं, जिनमें उनके पितामह भीष्म, गुरु द्रोण, सौतेला भाई कर्ण और मामा शल्य शामिल हैं। कृष्ण यूनानी दृष्टिकोण को भारतीय चिंतन में लेकर आए, क्योंकि भारतीय दृष्टिकोण समावेशी है। भारतीय दृष्टिकोण दोनों पक्षों की बात करता है और यह एकपक्षीय नहीं है।

11

दोनों महाकाव्यों में परछाईं की तरह रहने वाली बहन, सेवाभाव से भरे जुड़वाँ भाइयों और शक्तिशाली मामा का वर्णन है

रामायण के कुछ आंचलिक और लोक संस्करणों के अनुसार, दशरथ की पुत्री शांता को लोमशा को गोद दे दिया गया था और अंतत: जिसका विवाह ऋष्यशृंग से होता है, जो लोमशा के राज्य में बारिश और दशरथ के घर में संतान लाते हैं। उसके बारे में और कुछ भी ज्ञात नहीं है।

इसी तरह, *महाभारत* में, पांडवों की एक चचेरी बहन दुशाला का वर्णन है। जब धृतराष्ट्र की पत्नी गांधारी, किसी संतान को जन्म देने के

बजाए ठंडे मांस की एक गेंद को जन्म देती है, तो व्यास उसे सौ टुकड़ों में विभाजित कर देते हैं और उन्हें मंत्र की शक्तियों से परिपक्व करने के लिए पात्रों में रख देते हैं ताकि वे सौ पुत्रों के रूप में परिवर्तित हो जाएँ। गांधारी पूछती है, 'क्या मेरी एक बेटी भी होगी?' व्यास 'तथास्तु' कहते हैं और इस तरह दुशाला का जन्म होता है–जो कि कौरवों की इकलौती बहन है। उसके बारे में और अधिक जानकारी नहीं है, सिवाय इसके कि जयद्रथ उसका पति है, जो द्रौपदी से छेड़छाड़ की कोशिश करता है और सुभद्रा और अर्जुन के पुत्र अभिमन्यु की हत्या में प्रमुख भूमिका निभाता है।

रामायण में, सुमित्रा के जुड़वाँ पुत्र–लक्ष्मण और शत्रुघ्न–हैं, जो अपने बड़े भाइयों राम और भरत के प्रति समर्पित हैं। *महाभारत* में माद्री के जुड़वाँ पुत्र–नकुल और सहदेव–हैं, जो कुंती के पुत्रों के प्रति समर्पित हैं। ये जुड़वाँ भाई अपने महान बड़े भाइयों की छत्रछाया में संतुष्ट हैं।

रामायण में, लक्ष्मण द्वारा रावण की बहन सूर्पनखा की नाक काटने पर क्रमश: कई घटनाएँ घटित होती हैं। सीता को वापस लाने के लिए लड़े गए युद्ध में, लक्ष्मण, इंद्रजीत को मारकर एक महत्वपूर्ण भूमिका निभाते हैं। राम के राज्याभिषेक के बाद शत्रुघ्न उस समय अहम भूमिका निभाते हैं, जब वे लवणासुर से युद्ध करते हैं। वे वाल्मीकि के आश्रम में भी जाते हैं और रामकथा गा रहे जुड़वाँ भाइयों से मिलते हैं। वे उन्हें अयोध्या आने का न्योता देते हैं। उन्हें यह नहीं पता है कि वे राम के ही पुत्र हैं। नकुल और सहदेव क्रमश: अपनी सुंदरता और आकाशीय शक्तियों के लिए प्रसिद्ध हैं।

महिलाओं द्वारा अधिक ध्यान जाने के कारण नकुल को अभिमानी के रूप में दर्शाया गया है, और सहदेव प्राय: मौन रहता है तथा अपने मन की बात किसी को नहीं बताता है। लेकिन उनके बारे में थोड़ी और जानकारी भी है। कुंती के पुत्र उन्हें कभी सौतेला भाई नहीं मानते (उनकी माँ अलग थी, किंतु पिता एक ही थे)। हालाँकि, युधिष्ठिर कौरवों के साथ जुआ खेलते समय भीम या अर्जुन (जो एक ही माता और पिता की संतानें हैं) से पहले इन जुड़वाँ भाइयों को दाँव पर लगाते हैं जिससे उसकी वास्तविक पसंद का खुलासा होता है। बाद में, वनवास के दौरान जब युधिष्ठिर के चारों भाई झील के विषाक्त पानी को पीकर निर्जीव हो जाते हैं तो वे यक्ष

से भीम या अर्जुन को जीवित करने के बजाए अपने जुड़वाँ भाइयों को जीवित करने के लिए प्रार्थना करते हैं।

एक बड़े परिवार में, ऐसे दूरस्थ संबंधी भी होते हैं, जो हमारे जीवन में छोटी लेकिन महत्वपूर्ण भूमिका निभाते हैं। ये दोनों महाकाव्य शायद इसी बात की ओर हमारा ध्यान आकृष्ट कर रहे हैं, जब वे परिवार की राजनीति में दखल देने वाले मामाओं–*रामायण* में अश्वपति, *महाभारत* में शकुनि और वासुदेव–के बारे में बात करते हैं।

रामायण में, कैकेयी के परिवार-कैकेय के राजा और उनके पिता अश्वपति और उनके भाई युद्धजीत का उल्लेख है। ऐसा कहा जाता है कि राजा दशरथ से कैकेयी के विवाह का एकमात्र कारण यह था कि निस्संतान राजा दशरथ ने उनके पिता से यह वादा किया था कि भले ही कैकेयी उनकी कनिष्ठ रानी होगी, लेकिन उसका पुत्र ही उत्तराधिकारी होगा। लेकिन जैसा कि भाग्यवश होता है, ऋष्यशृंग के यज्ञ के उपरांत वरिष्ठ रानी कौशल्या सबसे पहले संतान को जन्म देती हैं, जिसके कारण भ्रम पैदा होता है। इसी तरह का भ्रम *महाभारत* में पैदा होता है, जिसमें गांधारी पहले गर्भवती होती है लेकिन कुंती द्वारा देवताओं की कृपा से युधिष्ठिर को जन्म देने के बाद ही वह अपनी सौ संतानों को जन्म देती है।

महाभारत में कौरवों को गांधार के राजा और अपने मामा शकुनि की सहायता प्राप्त होती है। पांडवों की दो माताएँ हैं–कुंती, जो तीन ज्येष्ठ पुत्रों की माँ है और माद्री, जो कनिष्ठ जुड़वाँ पुत्रों की माँ है। अत: उनके दो मामा हैं–कुंती के भाई वासुदेव और माद्री के भाई शल्य। वासुदेव के पुत्र कृष्ण पांडवों की ओर से लड़ते हैं। जबकि दुर्योधन छलपूर्वक शल्य को कौरवों की ओर से युद्ध करने को विवश कर देता है।

12

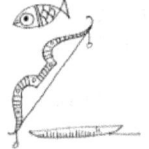

दोनों महाकाव्यों में तीरंदाजी प्रतियोगिता द्वारा पत्नियों को जीतने का वर्णन है

रामायण और *महाभारत*, दोनों ही महाकाव्यों में स्वयंवर आयोजित किए जाने का उल्लेख है। यह एक ऐसा समारोह होता था, जिसमें स्त्री अपने लिए वर का चयन करती थी। हालाँकि, जब इस आयोजन का वर्णन किया जाता है, तब हमें ज्ञात होता है कि स्त्री तो कभी अपने वर का चयन करती ही नहीं है। वह तो तीरंदाजी प्रतियोगिता के विजेता को उपहार स्वरूप प्राप्त होती है।

रामायण में, राजा जनक सीता का हाथ उस पुरुष के हाथ में देने का प्रस्ताव रखते हैं जो शिव के धनुष पर प्रत्यंचा चढ़ाएगा। धनुष पर प्रत्यंचा चढ़ाना तो दूर, कोई भी पुरुष उस धनुष को हिला भी नहीं पाता है। यहाँ तक कि रावण भी प्रयास करता है और असफल रहता है। जब राम धनुष को उठाकर उस पर प्रत्यंचा चढ़ाने के प्रयास में उसे तोड़ देते हैं, तब राजा जनक, सीता का विवाह उनसे कर देते हैं। कोई ऐसा भी सोच सकता है कि धनुष पर प्रत्यंचा चढ़ाने के बजाए उसे तोड़ देना भविष्य में उनके अलगाव की त्रासदी की ओर इशारा करता है, क्योंकि यह घटना राम के गांभीर्य की जगह उनके जुनून को इंगित करती है। इस बात को अनकहा छोड़ दिया गया है।

महाभारत में, अर्जुन छत से लटक रहे चक्र पर घूमती हुई मछली की आँख को प्रतिबिंब में देखते हुए बेधते हैं, जिसके फलस्वरूप उन्हें द्रौपदी

प्राप्त होती है। सीता की तरह द्रौपदी भी विजेता को प्राप्त एक उपहार या ट्रॉफी है। हालाँकि, द्रौपदी के पास यह कहने का थोड़ा सा अधिकार है कि उसके स्वयंवर में कौन भाग ले सकता है! दूसरे शब्दों में, वह वर की पात्रता का मानदंड तय कर सकती है। वह सारथी पुत्र कर्ण को प्रतियोगिता में भाग लेने से रोक देती है। कोई ऐसा भी सोच सकता है कि संभवतया इसी कारण से कृष्ण ने वहाँ उपस्थित रहते हुए भी प्रतियोगिता में भाग नहीं लिया, क्योंकि एक सारथी के पुत्र को अयोग्य ठहराते ही द्रौपदी ने प्रकारांतर में एक चरवाहे के पुत्र को भी अयोग्य ठहरा दिया था। इस बात को भी अनकहा छोड़ दिया गया है।

इस तरह से जीती गई पत्नियों को उनके पिता के नाम या उनके पिता के राज्य के नाम से संबोधित किया जाता है। सीता को जानकी (जनक की पुत्री), या मैथिली (मिथिला की राजकुमारी) या वैदेही (विदेह की स्त्री) संबोधित किया जाता है। द्रौपदी (द्रुपद की पुत्री) को पांचाली (पांचाल की राजकुमारी) भी कहा जाता है। उनकी सासों को कुंती (कुंतीभोज की पुत्री), माद्री (मद्र की राजकुमारी) और गांधारी (गांधार की राजकुमारी) कहा जाता है।

सीता का व्यक्तिगत नाम सीता ही है; इसी तरह, कुंती का व्यक्तिगत नाम 'पृथा' है। दोनों नाम पृथ्वी से जुड़े हुए हैं–सीता का अर्थ है 'हल-रेखा,' जो हल की नोक द्वारा पृथ्वी पर बनती है, और पृथा का अर्थ पृथ्वी-देवी है, जो पृथ्वी के राजा पृथु की जिम्मेदारी हैं।

रामायण में, सीता की बहिनें राम के भाइयों से विवाह करती हैं। *महाभारत* में, द्रौपदी की कोई बहिन नहीं है। है। इसके बजाए, अर्जुन, द्रौपदी को अपने समस्त भाइयों के साथ साझा करते हैं।

तीरंदाजी प्रतियोगिता वैदिक काल में धनुष की भूमिका की ओर हमारा ध्यान आकर्षित करती है। यह देवताओं का अस्त्र है। तीर के रूप में मेरु पर्वत का उपयोग करने वाले धनुष का उपयोग शिव द्वारा तीनों लोकों को नष्ट करने के लिए किया गया था। सभी जीवों में कामवासना जागृत करने के लिए कामदेव द्वारा गन्ने के तीर वाले धनुष का उपयोग किया जाता है। धनुष शिष्टता और संतुलन का प्रतीक है–जो ज्यादा कसने पर टूट जाता

है और बहुत ढीला होने पर यह किसी काम का नहीं है। यह एक ऐसे भरोसेमंद गृहस्वामी का प्रतीक है, जो इस दुनिया पर नियंत्रण की माँग किए बिना ही इसके साथ जुड़ता है। प्रत्येक गृहस्थ को अनिवार्यतया ऐसा ही आचरण करना चाहिए, जहाँ एक ओर उसे अपनी भय, निद्रा, आहार, मैथुन जैसी पाशविक वृत्तियों पर नियंत्रण रखना चाहिए, वहीं दूसरी ओर ऐसा तपस्वी भी नहीं बनना चाहिए जो इस दुनिया के प्रति उदासीन हो।

13

दोनों महाकाव्यों में एकल
माता-पिता का उल्लेख है

जंगल में, कई प्रकार के परिवार होते हैं। पक्षियों में, माता-पिता दोनों ही अपनी संतानों की देखभाल करते हैं। बाघों में, मादा बाघ ही अपने शावक की देखभाल करती है। हालाँकि, समाज में हम पारिवारिक ढाँचे का चयन करते हैं। *रामायण* और *महाभारत*, दोनों महाकाव्यों में विवाह को बहुत महत्व दिया गया है। दोनों में ही परिवार का नेतृत्व एक ऐसे व्यक्ति के हाथों में होता है, जिसकी एक या कई पत्नियाँ होती हैं। फिर भी, दोनों महाकाव्यों में एकल माता-पिता का उल्लेख है।

रामायण में, नायिका सीता, वन में अकेले ही अपनी संतानों-लव और कुश, का लालन-पालन करती हैं। *महाभारत* में, ऐसे कई उदाहरण

हैं। कुंती, अपने पति पांडु की मृत्यु के बाद पाँचों पांडवों का स्वयं ही लालन-पालन करती हैं। हिडिंबा भी अकेले ही घटोत्कच की परवरिश करती है; घटोत्कच की परवरिश में भीम की कोई भूमिका नहीं है। उलूपी भी अरावन की परवरिश अकेले ही करती है; उसकी परवरिश में अर्जुन की कोई भूमिका नहीं है। चित्रांगदा भी बब्रूवाहन की परवरिश अकेले ही करती है; उसकी परवरिश में भी अर्जुन की कोई भूमिका नहीं है। समाज में संतानों की परवरिश करने वाली एकल माताओं को लेकर कोई वर्जना नहीं है।

हमें यह नहीं मानना चाहिए कि केवल माँ ही संतानों के पालन-पोषण के लिए बाध्य है। *महाभारत* में, अप्सरा अपनी नवजात शिशु, शकुंतला को वन भूमि पर छोड़ कर स्वर्ग चली जाती है। अपनी माँ द्वारा परित्यक्त शकुंतला, कण्व ऋषि को मिलती है, जो उसका पालन-पोषण अपनी संतान की तरह करते हैं। इस तरह कण्व ऋषि गोद ली गई संतान के एकल पिता बन जाते हैं। जब दुष्यंत, शकुंतला को अपनी पत्नी के रूप में स्वीकार करने से मना कर देते हैं, तो शकुंतला भी अपने पुत्र भरत का लालन-पालन अकेले ही करती है।

शांतनु को भी ऋषि शरदबाण और जनपदी नामक अप्सरा की परित्यक्त जुड़वाँ संतानें मिलती हैं और वे उन्हें गोद लेते हैं। उनके महल में उन संतानों का कृपा और कृपी के रूप में पालन-पोषण होता है। इस तरह शांतनु भी गोद लिए गए जुड़वाँ संतानों के एकल पिता बन जाते हैं।

इनमें से किसी भी महाकाव्य द्वारा एकल पिता, एकल माता और संतानों वाले एक सामान्य परिवार की कल्पना नहीं की गई है। परिवार को स्पष्ट रूप से एक ऐसी जगह के रूप में देखा गया है, जहाँ संतानों का लालन-पालन प्रेम, भोजन और शिक्षा के साथ हो। यह प्रेम एकल माता अथवा पिता में से किसी के भी द्वारा प्रदान किया जा सकता है। यह तथ्य इन दोनों महाकाव्यों को आज के मानकों के अनुसार 'आधुनिक' बनाता है। लेकिन वे सिर्फ विविधता को स्वीकार कर रहे थे, जो दुनिया में एक मानक है। वास्तव में, प्रकृति के सभी तत्वों में विविधता मौजूद है। केवल संस्कृति में, जहाँ प्रकृति को अपने अनुकूल बनाकर भूमि पर खेती की

जाती है, इस विविधता का विरोध दिखता है और हम एक प्रभावी विमर्श के साथ चीजों को सामान्य करने की कोशिश करते हैं।

14

दोनों महाकाव्यों में वफादार पत्नियों की शक्ति का उल्लेख है

वन में शुचिता और ब्रह्मचर्य आदि नियमों का कोई अस्तित्व नहीं है। ये विशुद्ध रूप से सांस्कृतिक कल्पनाएँ हैं। हिंदू पौराणिक कथाएँ महिलाओं की शुचिता और पुरुषों के ब्रह्मचर्य के बारे में बात करती हैं और उन्हें एक-दूसरे का प्रतिबिंब मानती हैं। जो शक्ति एक महिला शुचिता के माध्यम से प्राप्त करती है, वह एक पुरुष ब्रह्मचर्य के माध्यम से प्राप्त करता है—एक ऐसी शक्ति जो महिला को सती और पुरुष को एक सिद्ध बनाती है। इस शक्ति को शरीर में ऊष्मा और प्रकाश के रूप में देखा जाता है, जिसे मनवांछित तरीके से जागृत किया जा सकता है। यह तप या अग्नि है, जिसे किसी ईंधन की आवश्यकता नहीं है।

शास्त्रों में सती का उल्लेख व्यक्तिवाचक संज्ञा और जातिवाचक संज्ञा दोनों तरह से आता है। व्यक्तिवाचक संज्ञा के रूप में, दक्ष की बेटी का नाम 'सती' है, जो अपने पिता द्वारा अपने पति शिव के अपमान को सहन नहीं कर पाती और स्वयं को अग्नि के हवाले कर देती है। जातिवाचक

संज्ञा के रूप में, इसका तात्पर्य एक ऐसी विश्वसनीय पत्नी है, जिसकी शुचिता उसे जादुई शक्तियाँ प्रदान करती हैं, जैसे कि अग्नि की ऊष्मा को सहन करने की क्षमता। यह जातिवाचक अवधारणा *रामायण* और *महाभारत*, दोनों में एक महत्वपूर्ण भूमिका निभाती है। मध्यकाल में, 'सती' शब्द का इस्तेमाल ऐसी विधवाओं के लिए किया जाता था, जो अपने पति की चिता के साथ आत्मदाह कर लेती थी—एक ऐसी प्रथा, जिसे काफी समय पहले भारतीय कानून के अंतर्गत प्रतिबंधित कर दिया गया है। लोग अकसर इन तीनों अवधारणाओं में भ्रमित होते हैं।

रामायण में, सीता एक सती या पतिव्रता नारी हैं। वे राम के प्रति वफादार है, और किसी अन्य पुरुष की ओर नहीं देखतीं। और इसलिए, वह अग्नि की लपटों का सामना करने और अपनी शुचिता साबित करने की शक्ति रखती है। सीता की इस कहानी से स्त्री बेवफाई के दो किस्सों का पूर्वाभास होता है। पहले कहानी जमदग्नि की पत्नी रेणुका की है, जो अपने पति से इतर किसी अन्य पुरुष को पाने की अभिलाषा रखती है। इस आपराधिक विचार से उसकी उन सती शक्तियों का ह्रास हो जाता है, जिसकी शक्ति से वह नदी की मिट्टी से बने कच्चे बर्तन में नदी का पानी ला सकती थी। पति के आदेश पर उनका पुत्र परशुराम ही उनका सिर काट देता है। दूसरी कहानी अहिल्या की है, जिसे उसके पति गौतम ऋषि श्राप देकर पत्थर की शिला में बदल देते हैं क्योंकि वे उसे इंद्र के साथ सहवास करते हुए देख लेते हैं। हम यकीन से नहीं कह सकते हैं कि अहिल्या को इंद्र ने छलपूर्वक सहवास हेतु राजी किया था अथवा वह स्वयं भी इच्छुक थी। इस प्रकार, रेणुका विचार से दूषित होती है जबकि अहिल्या शारीरिक रूप से दूषित होती है। सीता, विचार और कर्म, दोनों से शुद्ध हैं, लेकिन प्रतिष्ठा से दूषित हैं, इसी वजह से राम उनका परित्याग करते हैं। सती की अवधारणा का उपयोग पारंपरिक हिंदू समाज में महिलाओं को अपना अनुगामी बनाने और पितृसत्ता को मजबूत करने के लिए किया गया है।

महाभारत में, गांधारी अपने नेत्रहीन पति की पीड़ा साझा करने के लिए अपनी आँखों पर सदा के लिए पट्टी बाँध लेती हैं। इस प्रकार उसे सती की शक्तियाँ प्राप्त होती हैं। जब वह अपनी आँखों पर से पट्टी हटाती है, तो

उसकी नजर में इतनी शक्ति होती है, जो उसके पुत्र के शरीर को किसी भी शस्त्र के प्रति अभेद्य बना सकती है। ऐसा होने से रोकने के लिए, कृष्ण ने दुर्योधन को अपनी माता के समक्ष पूर्ण नग्न न जाने और अपनी लंगोटी को कुछ पत्तों से ढंकने के लिए प्रेरित किया, ताकि उसके शरीर का एक हिस्सा कमजोर बना रहे। अपने पुत्रों की मृत्यु के बाद गांधारी की क्रोधित दृष्टि से युधिष्ठिर के पैर का अँगूठा काला पड़ जाता है। वे कृष्ण को श्राप देने की शक्ति भी रखती हैं। उसका श्राप उस समय फलीभूत होता है, जब कृष्ण अपने परिवार के सदस्यों को गृहयुद्ध में एक दूसरे को मारते हुए देखते हैं और वे स्वयं भी एक शिकारी के तीर द्वारा मारे जाते हैं।

हमें बताया गया है कि पाँच पतियों के होने के बावजूद द्रौपदी एक सती स्त्री है, क्योंकि प्रत्येक पति के साथ एक वर्ष की अवधि व्यतीत होने पर वह अग्नि परीक्षा देती है और खुद को पवित्र करती है। इसके बाद ही वह अपने अगले पति के पास जाती है। लेकिन एकाधिक पत्नियों वाले पुरुषों से अपनी शुचिता को साबित करने की ऐसी कोई माँग नहीं की गई है, जिससे हमें बात समझ में आती है कि किस तरह सती की अवधारणा का उपयोग स्त्रियों पर नियंत्रण रखने के लिए किया जाता है। *महाभारत* के तमिल संस्करणों में, ऐसे अनुष्ठानों में, जिनमें द्रौपदी को देवी के रूप में स्वीकार किया जाता है, हमें यह बताया गया है कि युद्ध के बाद, दोनों पक्षों की स्त्रियों को अग्नि पर चलने के लिए कहा जाता है। द्रौपदी अग्निपरीक्षा में उत्तीर्ण रहती है, लेकिन कौरवों की विधवाएँ अग्नि ज्वाला में भस्म हो जाती हैं–शायद इससे यह प्रदर्शित किया गया है कि द्रौपदी के विपरीत, वे सभी विधवाएँ इतनी शुचितापूर्ण नहीं थी कि अपने पतियों के प्राणों की रक्षा कर सकें; अथवा शायद ऐसा खलनायक कौरवों से जुड़ी सभी चीजों को समाप्त करने के लिए किया गया ताकि पांडव नए सिरे से जीवन शुरू कर सकें।

रामायण में, पति की चिता पर आत्मदाह करने वाली विधवाओं का उल्लेख नहीं है। दशरथ की विधवाएँ सती नहीं होती हैं। वानरराज बालि और दानव-राज रावण की विधवाएँ, क्रमश: तारा और मंदोदरी, अपने पतियों के कनिष्ठ भाइयों, सुग्रीव और विभीषण से विवाह करती हैं। वास्तव

में, ऋग्वेद में एक ऋचा है जिसमें विधवा स्त्री को पहले अपने मृत पति के शरीर के बगल में लेटने के लिए कहा जाता है और फिर अपने पति के जीवित परिजनों का हाथ पकड़कर उठने के लिए कहा जाता है। जो यह दर्शाता है कि अपने पति की मृत्यु होने तक उसका साथ निभाने के बाद इस दुनिया में उसका फिर से स्वागत है। पति की मृत्यु के बाद उसकी विधवा को मारने के लिए इस ऋचा का गलत अर्थ निकाला और दुरुपयोग किया गया, ताकि वे अपने पति की मृत्यु के बाद उसकी संपत्ति पर दावा न कर सकें। कृष्ण की कुछ पत्नियाँ उनकी मृत्यु के बाद सती हो जाती हैं, तथा कुछ संन्यासिन बन जाती हैं। कुरुक्षेत्र में मारे गए कौरवों की विधवाएँ भी सती नहीं होती हैं। अत: यह स्पष्ट है कि यह एक अनिवार्य कर्मकांड नहीं था, बल्कि यह एक ऐसा गलत और स्वैच्छिक कार्य था जिसके पीछे यह धारणा थी कि पति की मृत्यु के बाद महिलाओं का कोई जीवन नहीं होता है।

यहाँ यह प्रश्न पूछना आवश्यक है कि पुरुषों से ब्रह्मचर्य के पालन की अपेक्षा तो की गई परंतु शुचिता की नहीं। और क्यों महिलाओं से शुचिता की अपेक्षा की गई, ब्रह्मचर्य की नहीं। इसका कारण प्राकृतिक है। किसी भी प्रजाति की अगली पीढ़ी को जन्म देने के लिए प्रकृति को उस प्रजाति की मादा को गर्भवती करने के लिए सभी नरों की नहीं बल्कि कुछ ही नरों की आवश्यकता होती है। प्रकृति प्रत्येक मादा को बहुत महत्व देती है—क्योंकि उसके पास गर्भ होता है जिससे अगली पीढ़ी की उत्पत्ति होती है—लेकिन यह सभी पुरुषों को नहीं बल्कि सबसे मजबूत और सबसे योग्य नरों को ही महत्व देती है।

अधिकाँश पुरुषों को ब्रह्मचारी होने की सिफारिश करके, संस्कृति यह सुनिश्चित कर रही थी कि औसत पुरुष अधिक योग्य पुरुषों को अगली पीढ़ी का पिता बनने दें। इसके एवज में, उन्हें चमत्कारिक शक्तियों और गृहस्थी की जिम्मेदारियों से मुक्ति पाने का प्रस्ताव दिया गया। अधिक योग्य पुरुषों को कई पत्नियाँ रखने हेतु प्रोत्साहित किया गया। राम इस विचार का विरोध करते हैं, क्योंकि वे एकम पत्नी व्रत—केवल एक पत्नी वाला पुरुष—होने पर जोर देते हैं और वे पूरी तरह से सीता के लिए प्रतिबद्ध हैं।

सीता के परित्याग के लिए विवश होने के बाद वे यज्ञ के दौरान उनकी स्वर्ण प्रतिमा अपने बगल में रखते हैं और किसी अन्य स्त्री को उनका स्थान लेने से मना कर देते हैं।

इसे प्राचीन काल में एक प्रकार की सोशल इंजीनियरिंग के रूप में देखा जा सकता है। अगर प्रत्येक स्त्री ब्रह्मचारी हो गई, तो संतानोत्पति कौन करेगा? स्त्री के पवित्र होने से समाज उसके पिता को लेकर निश्चिंत हो सकता है, और विरासत के मुद्दों में यह जानकारी महत्वपूर्ण है। यह दर्शाता है कि स्त्रियों की शुचिता किस तरह पितृसत्ता से जुड़ी हुई है। गृहस्थी के इन नियमों के पालन के एवज में, स्त्रियों को चमत्कारिक शक्तियाँ देने का वादा किया गया था। हालाँकि, अगर पति की मृत्यु पत्नी से पहले हो जाती है, तो पत्नी को ही इस दुर्भाग्य के लिए जिम्मेदार माना जाता था और उस पर यह आरोप लगाया जाता था, कि वह इतनी शुचितापूर्ण और पतिव्रता नहीं थी कि अपने पति के प्राणों की रक्षा कर सके। इसलिए, अपनी शुचिता को साबित करने के लिए, स्त्रियों को अपने पति की चिता के साथ आत्मदाह करने के लिए कहा जाता था। पत्नी/बहू के रास्ते से हटने के बाद परिवार उसके पति की धन-संपत्ति और भूमि पर नियंत्रण हासिल कर सकता था। लेकिन कुछ ऐसी स्त्रियाँ भी थीं, जिन्होंने इस योजना को भलीभाँति देख-समझ लिया था; कुंती ने पांडु की मृत्यु के बाद आत्मदाह से इनकार कर दिया था जबकि माद्री ऐसा करती है। कुंती यह सुनिश्चित करती है कि उसके पुत्रों को कुरु विरासत में से उनका उचित हिस्सा मिले।

15

दोनों महाकाव्यों में अलौकिक नायिकाएँ हैं

रामायण की नायिका सीता, पृथ्वी से पैदा हुई हैं। *महाभारत* की नायिका द्रौपदी का जन्म अग्नि से हुआ है। इस प्रकार, पुरुष नायकों की तरह ये दोनों नायिकाएँ भी जन्म से अलौकिक हैं। लेकिन जहाँ राम और पांडव अपने अस्तित्व का श्रेय आकाशीय देवताओं को देते हैं, सीता और द्रौपदी दृढ़तापूर्वक इस पृथ्वी से जुड़ी रहती हैं, और देवियों के साथ अपने संबंध को मजबूत करती हैं।

वैदिक पौराणिक कथाओं के अनुसार, आकाश पिता है और पृथ्वी माता हैं, जिन्हें इंद्र द्वारा अलग किया गया है, जिससे महाकाव्य के नायकों का आकाश से जुड़ाव और नायिकाओं का पृथ्वी से जुड़ाव देखने को मिलता है।

रामायण में, विदेह के राजा जनक को स्वर्ण हल से भूमि जोतने की रस्म के दौरान सीता प्राप्त हुई थी। कुछ आख्यानों के अनुसार, पृथ्वी देवी स्वयं प्रकट होकर निस्संतान राजा जनक को सीता सौंपती हैं। बाद के क्षेत्रीय आख्यानों में, सीता को रावण की पत्नी मंदोदरी की पुत्री बताया गया है, जिसे समुद्र में प्रवाहित कर दिया जाता है। समुद्र-देवता उसे बचाते हैं और पृथ्वी को सौंप देते हैं, जो अंतत: उसे राजा जनक को दे देती हैं।

महाभारत में, पांचाल के राजा द्रुपद, यज और उपयज को एक यज्ञ करने के लिए आमंत्रित करते हैं जिससे उन्हें संतान की प्राप्ति हो। जब यह यज्ञ पूर्ण हो जाता है, और जादुई औषधि तैयार हो जाती है, तो रानी

को बुलाया जाता है। लेकिन उस समय वे स्नान करने में व्यस्त होती हैं, इसलिए यज्ञ के पुजारी उस जादुई औषधि को अग्नि में फेंक देते हैं और बलि के गड्ढे में से पूरी तरह से विकसित जुड़वाँ संतानें–एक लड़का और एक लड़की–उत्पन्न होते हैं, जिनका नाम धृष्टद्युम्न और द्रौपदी रखा जाता है।

यह कि सीता और द्रौपदी महज नायिकाएँ नहीं बल्कि किसी देवी की तरह अलौकिक हैं, ऐसा उनके केशों द्वारा भी ज्ञात होता है! परंपरागत रूप से, जब देवी जंगली और रक्तपिपासु होती है, तो उनके केश खुले हुए होते हैं। जब वे एक घरेलु स्त्री के रूप में होती है, तो उनके केश फूलों और गहनों से सजे और बँधे होते हैं। बँधे हुए केशों का तात्पर्य है कि वे स्त्रियाँ मानव सभ्यता के अंतर्गत हैं; खुले हुए केशों का तात्पर्य है–सभ्यता का अंत और प्रकृति की ओर वापसी, जहाँ अनियंत्रित सेक्स और हिंसा है।

रामायण में, जब रावण, सीता का अपहरण करता है, तो वह अपने सभी आभूषणों को रास्ते में फेंकती हुई जाती है ताकि राम उन आभूषणों की निशानदेही पर उन्हें खोज सके। जब हनुमान उनसे पास पहुँचते हैं, तो वे उन्हें अपने पास मौजूद अंतिम आभूषण–चूड़ामणि–राम को देने के लिए सौंपती हैं, जो इस बात का सूचक है कि वे सहनशक्ति की अंतिम सीमा पर हैं। रावण, जो न ही विवाह के नियमों का सम्मान करता है, न ही संस्कृति का सम्मान करता है। यदि राम, रावण को नहीं मारते हैं, तो वे काली का रूप धारण करने के लिए तैयार हैं।

महाभारत में, कौरवों द्वारा सार्वजनिक रूप से अपमानित किए जाने के बाद, द्रौपदी प्रण करती है कि वह तब तक अपने केशों को नहीं बाँधेगी, तब तक वह उन्हें कौरवों के रक्त से नहीं धो लेती। इस प्रकार, वह प्रतिशोध में काली का आह्वान करती है। महाकाव्य के तमिल संस्करणों में, वह घोषणा करती है कि वह अपने केशों को कौरवों के रक्त से धोएगी, उनकी हड्डियों से कंघी करेगी, अंतड़ियों से केश बाँधेगी, और उनके हृदयों से केश सज्जित करेगी।

16

दोनों महाकाव्य शिक्षा और गुरु को महत्त्व देते हैं

दुनिया भर के मिथकों में, नायक का एक गुरु या शिक्षक होता है, जो उसे नियति के अनुसार अपने जीवन की साहसिक यात्रा के लिए तैयार करता है। यह 'मोनोमथ' सिद्धांत का एक भाग है, जो कि हॉलीवुड में बहुत लोकप्रिय है, जिसके अनुसार इस दुनिया की सभी कहानियाँ मूलतया वीर गाथाएँ हैं, जिनमें एक युवा महिला या पुरुष एक ऐसी खोज यात्रा पर जाता है, जिसके दौरान वह दुनिया को बदल देता है और स्वयं भी बदल जाता है। इस कार्य के लिए उन्हें एक बुजुर्ग व्यक्ति प्रशिक्षित करता है; उदाहरण के लिए, एवलॉन के राजा आर्थर को जादूगर मर्लिन ने निर्देशित किया था।

रामायण और *महाभारत*, मानक पश्चिमी मोनोमिथ साँचे में फिट नहीं होते हैं। राम और पांडव किसी साहसिक खोज के नायक नहीं हैं, हालाँकि कई विद्वान उन्हें इस संकीर्ण दृष्टि से देखने पर जोर देते हैं। लेकिन राम और पांडव, दोनों के जीवन में गुरु की महत्त्वपूर्ण भूमिका है। इन्हें आचार्य (जो कौशल सिखाते हैं), और गुरु (जो दुनिया के बारे में उनके दृष्टिकोण में विस्तार करते हैं) कहा जाता है। उनमें से कई ऋषि हैं (जिनके पास संसार के बारे में गहन अंतर्दृष्टि है), जो संन्यासी के रूप में जंगल में निवास करते हैं, और जिनके पास राजा अपने पुत्रों को प्रशिक्षण के लिए भेजते हैं। *रामायण* में, राम के गुरु वशिष्ठ और विश्वामित्र हैं। राम के पुत्रों को वाल्मीकि शिक्षा प्रदान करते हैं। *महाभारत* में, पांडवों के गुरु कृपाचार्य, उसके बाद द्रोण और अंत में कृष्ण हैं। परशुराम कौरव सेनापतियों–भीष्म,

द्रोण और कर्ण के गुरु हैं। *भागवत* में, हमें ज्ञात होता है कि कृष्ण के भी संदीपनी नामक एक गुरु है।

राम को वशिष्ठ के आश्रम में भेजा जाता है, जहाँ वे भविष्य में राजा के रूप में तैयार होने के लिए प्रशिक्षण प्राप्त करते हैं, क्योंकि वे एक राजपरिवार के ज्येष्ठ पुत्र हैं। बहुत बाद में बनी एक परंपरा के अनुसार हमें यह ज्ञात होता है कि राम शिक्षा प्राप्त करने के बाद तीर्थयात्रा पर जाते हैं और यह विचार करते हुए वापस लौटते हैं कि क्या उनके जीवन का कोई उद्देश्य है। वे एक संन्यासी बनने की इच्छा भी व्यक्त करते हैं। ऐसा इसलिए होता है क्योंकि गुरु वशिष्ठ ने उन्हें 'योग वशिष्ठ' में संकलित कहानियाँ सुनाईं, जो मुख्यतया यह शिक्षा देती हैं कि कैसे उन्हें एक संन्यासी मन के साथ एक गृहस्थ के रूप में जीवन व्यतीत करना चाहिए। इस प्रकार, राम एक संन्यासी गृहस्थ में बदल जाते हैं, जिसे हिंदू दर्शन में प्रबुद्ध गृहस्थ और प्रबुद्ध संन्यासी, दोनों से ऊपर देखा गया है।

हालाँकि, वाल्मीकि *रामायण* के अनुसार विश्वामित्र भी राम के शिक्षक हैं। वशिष्ठ और विश्वामित्र के बीच प्रतिद्वंद्विता की कहानियाँ पौराणिक दंतकथा का हिस्सा हैं। वशिष्ठ खगोलीय सप्तऋषि मंडल में से एक हैं, और इसीलिए वे जन्म से ही ऋषि हैं। इसके विपरीत, विश्वामित्र एक राजा हैं जो अपनी कठोर तपस्या के फलस्वरूप ऋषि बनते हैं। दोनों के बीच तनाव, वैदिक काल में ऋषियों और राजाओं के बीच संघर्ष को प्रकट करता है। मुख्य रूप से इस बात को लेकर तनाव था कि आध्यात्मिक ज्ञान रखने वाले ऋषि का प्रभाव अधिक है या भौतिक संपदा के स्वामी राजाओं का।

वशिष्ठ और विश्वामित्र द्वारा राम को प्रदान की जाने वाली शिक्षा को लेकर भी तनाव सामने आता है। जहाँ वशिष्ठ, राम को वैदिक ज्ञान प्रदान करते हैं–जिसमें आकाशीय मंत्रों द्वारा सक्रिय होने वाले अस्त्रों का ज्ञान भी शामिल है, ताकि वे आश्रम की सुरक्षा कर सकें। जबकि विश्वामित्र राम को राजा की इच्छा के विरुद्ध वन में ले जाते हैं और उन्हें व्यावहारिक ज्ञान देते हैं, जिसमें पति द्वारा त्याग दी गई अहिल्या को क्षमा करने का तरीका जानना, स्त्री होते हुए भी ताड़का के वध का तरीका जानना, और अंतत: मिथिला में तीरंदाजी प्रतियोगिता को जीतकर विवाह हेतु पत्नी को

प्राप्त करना शामिल है। विश्वामित्र, राम के पूर्वजों की कहानियाँ भी सुनाते हैं–कि कैसे उनमें से एक, राजा भागीरथ, गंगा नदी को स्वर्ग से पृथ्वी पर उतार लाए और कैसे एक अन्य पूर्वज सागर ने समुद्र की स्थापना की! इस प्रकार, विश्वामित्र की शिक्षा अधिक व्यावहारिक प्रतीत होती है जबकि वशिष्ठ की शिक्षा सैद्धांतिक लगती है। महाकाव्य के उत्तर भाग में, राम के पुत्रों का पालन-पोषण वन में वाल्मीकि के आश्रम में होता है, जो उन्हें *रामायण* को गाने का प्रशिक्षण देते हैं और उन्हें एक ऐसा योद्धा बनने का प्रशिक्षण भी देते हैं जो राम के शाही घोड़े को रोककर उनकी सेना को चुनौती दे सकें। स्पष्ट रूप से उन्हें समग्र शिक्षा प्रदान की जाती है, जिसमें सौंदर्यशास्त्र और कलाओं के साथ सैन्य कौशल भी शामिल है। इस प्रकार, एक श्रेष्ठ राजा न केवल एक योद्धा होता है, बल्कि वह कला का पारखी भी होता है।

महाभारत में, *रामायण* के गुरुओं की तुलना में कुलीनता का अभाव है। वे राजकुमारों को महान योद्धा बनने की शिक्षा तो देते हैं लेकिन उन्हें सौंदर्यशास्त्र और धर्म की अधिक शिक्षा नहीं देते हैं। परशुराम–भीष्म, द्रोण और कर्ण को भी शिक्षा प्रदान करते हैं, लेकिन वे कर्ण को श्राप देते हैं कि जब उसे उनके द्वारा दी गई शिक्षा की सबसे ज्यादा आवश्यकता होगी, तो वह उसे भूल जाएगा, क्योंकि कर्ण ने परशुराम को अपने परिवार के बारे में झूठी जानकारी दी थी। परशुराम, द्रोण को योद्धा परिवारों को शिक्षा नहीं देने के लिए कहते हैं, लेकिन द्रोण इसका ठीक विपरीत करते हैं। वे शुल्क के एवज में कुरु राजपरिवार को अपनी सेवाएँ देते हैं। द्रोण अपने छात्रों को शिक्षा प्रदान करते हैं, लेकिन अर्जुन और अपने पुत्र का पक्ष लेते हैं, तथा कर्ण और एकलव्य के साथ भेदभाव करते हैं। पांडवों को विनम्रता का सबक द्रोण द्वारा नहीं, बल्कि वन में, भगवान शिव द्वारा एक आदिवासी किरात के रूप में और हनुमान द्वारा एक बुजुर्ग वानर के रूप में दिया जाता है। कृष्ण को संदीपनी द्वारा वैदिक ज्ञान की शिक्षा दी जाती है, लेकिन कृष्ण द्वारा संदीपनी को किए गए भुगतान पर अधिक धन दिया जाता है–वे संदीपनी के मृत बेटे को पुन: इस पृथ्वी पर वापस लाते हैं। यह अलौकिक कार्य कृष्ण को एक दिव्य पुरुष के रूप में स्थापित

करता है। बाद में, कुरुक्षेत्र में, कृष्ण द्वारा अर्जुन को *श्रीमदभगवद्गीता* का ज्ञान दिया जाता है। यहाँ कृष्ण एक संन्यासी-गृहस्थ के लिए आवश्यक उस वैदिक ज्ञान को पांडवों–अर्जुन तक पहुँचाते हैं; जिसे परशुराम, द्रोण और कृपाचार्य, कुरु राजपरिवार के युद्धरत राजकुमारों तक प्रेषित करने में विफल रहे थे।

3

टूटन या बिगाड़

जिसमें हम पहले से ही नियत कर्म के कारकों और समान अप्रत्याशित पहलूओं की खोज करते हैं, जो संकट का कारण बनते हैं और कहानी को आगे ले जाते हैं।

17

दोनों महाकाव्यों में शासन के संकट का पूर्वानुमान है

परशुराम दोनों महाकाव्यों की पृष्ठभूमि में मौजूद हैं। हमें बताया गया है कि उन्होंने अपने फरसे से इस धरती से राजाओं का नामोनिशान मिटा दिया था। पर क्यों? क्योंकि राजाओं ने लालच के वशीभूत होकर इस पृथ्वी पर बोझ डाला और वे प्रकृति और संस्कृति के बीच संतुलन बनाए रखने के बजाए पृथ्वी का शोषण करते रहे। दूसरे शब्दों में, उन राजाओं ने राजधर्म (सत्ता का उपयोग करके एक ऐसे सुरक्षित पारिस्थितिकी तंत्र का निर्माण करना, जिसमें राज्य की अर्थव्यवस्था पनपती है) के बजाए अधर्म (व्यक्तिगत लाभ के लिए संपत्ति और शक्ति का संचय) का पालन किया था। उन्होंने पृथ्वी के प्रथम राजा पृथु द्वारा पृथ्वी रूपी गौ-माता को दिए गए वचन को तोड़ा था। इसकी शुरुआत हैहय वंश के राजा कार्तवीर्यार्जुन की हत्या से हुई।

कार्तवीर्य, परशुराम के पिता जमदग्नि की गाय को पाने के इच्छुक थे। वे गाय को जबरदस्ती ले जाने की कोशिश करते हैं। परशुराम उसे ऐसा करने से

रोकते हैं और उनके मध्य हुए द्वंद्वयुद्ध में परशुराम, राजा कार्तवीर्य को अपने फरसे से कई टुकड़ों में काट देते हैं। इससे संकट उत्पन्न होता है। कार्तवीर्य के पुत्र जमदग्नि के आश्रम पर हमला करके उनकी हत्या कर देते हैं, और आश्रम में आग लगा देते हैं। राजाओं के अहंकार के प्रति घृणा से भरकर परशुराम न केवल कार्तवीर्य के पुत्रों को बल्कि पृथ्वी के सभी राजाओं को मार डालते हैं। वे पाँच महान झीलों को उनके रक्त से भर देते हैं।

रामायण और *महाभारत* में राजाओं की बिल्कुल नई फसल की कहानियाँ बताई गई हैं। हमें बताया गया है, कि नए राजाओं ने तब जन्म लिया, जब राजपरिवार की विधवाओं ने स्वयं को गर्भवती करने के लिए ब्राह्मणों को आमंत्रित किया। इस प्रकार, अहिंसक ब्राह्मण ऋषियों के बीज से हिंसक राजाओं का वंश शुद्ध हुआ। यह विचार सूक्ष्म रूप से *रामायण* में भी निहित है, जब ऋष्यश्रृंग की मदद से दशरथ को संतानों की प्राप्ति हुई। *महाभारत* में, इसे अधिक स्पष्ट तरीके से कहा गया है, जब विचित्रवीर्य की विधवाओं को गर्भवती करने के लिए व्यास को आमंत्रित किया जाता है।

परशुराम दोनों महाकाव्यों में अपनी उपस्थिति महसूस कराते हैं। *रामायण* में, जब राम शिव का धनुष तोड़ते हैं, तो परशुराम प्रकट होते हैं और उन्हें विष्णु का धनुष उठाने की चुनौती देते हैं। विभिन्न संस्करणों में, यह बताया गया है कि परशुराम या तो राम द्वारा पराजित होते हैं अथवा वे राम से अभिभूत हो जाते हैं और उन्हें धर्म के मार्ग पर चलते हुए एक आदर्श क्षत्रिय राजा के रूप में देखते हैं।

महाभारत में, कौरव सेना के तीन सेनापति–भीष्म, द्रोण और कर्ण उनके छात्र हैं। वह उन्हें युद्ध कलाओं में प्रशिक्षित करते हैं, लेकिन वे फिर भी अधर्म के मार्ग पर चलते हुए उस व्यक्ति का पक्ष लेते हैं, जो अपने चचेरे भाइयों की भूमि उन्हें देने से इनकार कर देता है। कृष्ण, इन तीनों सेनापतियों की हत्या की योजना बनाते हैं। दूसरे शब्दों में, परशुराम जिसका सृजन करते हैं, कृष्ण उसे नष्ट करते हैं।

इस प्रकार, इन दोनों महाकाव्यों को उन राजाओं के महाकाव्यों के रूप में देखा जा सकता है जो परशुराम युग के बाद हुए हैं, एवं उन्होंने कार्तवीर्य के कुकर्मों से दागदार हुई क्षत्रियों की प्रतिष्ठा को पुनः बहाल किया।

इतिहासकारों ने बताया है कि गौतम बुद्ध के काल में ऐसे महाजनपदों का उदय हुआ, जिनमें वंशानुगत साम्राज्यों (रक्त और विवाह संबंधों से जुड़े) के स्थान पर ऐसे गणराज्यों का उदय हुआ, जो कई असंबद्ध कुलों, समुदायों, और जनजातियों के समूह थे। ऐसा तब हुआ, जब लोगों ने यह प्रश्न पूछना शुरू किया कि एक अच्छे राजा में कौन से गुण होने चाहिए। धर्मशास्त्रों में राजधर्म के विचार की चर्चा होने लगी। अच्छा राजा उसे माना गया जो अहं के स्थान पर आत्मानुभूति को महत्व दे। अहं में आसक्ति होने के कारण राजाओं को अन्य लोगों की समृद्धि से ईर्ष्या होने लगी, और वे कार्तवीर्य की तरह दूसरों की गायों, रावण की तरह दूसरे की पत्नी और दुर्योधन की तरह दूसरों की भूमि को गलत तरीके से प्राप्त करने की इच्छा रखने लगे थे।

18

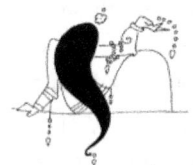

दोनों महाकाव्यों में मनमोहक और महत्त्वाकांक्षी रानियाँ हैं

वेदों में, हमें अनुष्ठानपूर्वक इच्छा की अभिव्यक्ति देखने को मिलती है। देवताओं का आह्वान किया जाता है, उनकी प्रशंसा में गीत गाए जाते हैं, उनके समक्ष भोजन परोसा जाता है, और फिर उनसे गायों, घोड़ों, संतानों, अनाज और स्वर्ण की माँग की जाती है। लेकिन जैसा कि हमने देखा

है, गौतम बुद्ध ने इच्छा को समस्त दुखों का कारण बताया है। अगर हमें मनवांछित चीज मिल जाए, तो हमें उसका नशा हो जाता है, अगर नहीं मिले तो हम निराश हो जाते हैं।

लंबे समय से, यौन इच्छा को एक नकारात्मक शक्ति के रूप में देखा जाने लगा है। बौद्ध धर्म में, इसे मारा (कामेच्छा का दानव) और उसकी बेटियों के रूप में बताया गया था। हिंदू धर्म में, इसे कामदेव (कामेच्छा के देवता) और अप्सराओं की उनकी सेना के रूप में वर्णित किया गया है जिसे शिव अपने तृतीय नेत्र से जला देते हैं।

रामायण और *महाभारत*, दोनों महाकाव्यों में, स्त्री को पाने की पुरुष की इच्छा, शक्ति और संपत्ति पाने की स्त्री की इच्छा को समस्त दुर्भाग्यों का कारण माना गया है। *रामायण* में, महत्वाकांक्षी कैकेयी के प्रति दशरथ का प्रेम संकट को जन्म देता है, जबकि *महाभारत* में, महत्वाकांक्षी सत्यवती के प्रति शांतनु का प्रेम विनाशकारी घटनाओं की एक शृंखला को जन्म देता है।

दशरथ कैकेयी से बहुत प्रेम करते हैं, और युद्धभूमि में अपने प्राण बचाने के लिए वे कृतज्ञतावश कैकेयी को दो वरदान देते हैं। इसलिए, राम के राज्याभिषेक की पूर्व संध्या पर, वह राम को वनवास में भेजने और उनके स्थान पर अपने पुत्र भरत को राजगद्दी पर बैठाने की माँग करती है।

शांतनु सत्यवती से विवाह करना चाहते थे, लेकिन सत्यवती के पिता यह चाहते थे कि उनकी पुत्री की संतानें ही शांतनु की उत्तराधिकारी बनें। शांतनु के पुत्र देवव्रत सिंहासन पर अपना अधिकार छोड़ने और आजीवन ब्रह्मचर्य का पालन करने की प्रतिज्ञा करते हैं ताकि उनके वृद्ध पिता एक युवा मछुआरिन से विवाह कर सकें। यह घटना भविष्य में आपदाओं की एक शृंखला को जन्म देती है। सत्यवती के पुत्र कमजोर हैं, और उनकी संतानें दुर्बल और विकलांग पैदा होती हैं, जिनसे अंततः कौरवों और पांडवों का जन्म होता है जो आपस में युद्ध करते हैं।

दोनों कहानियों में, दूसरी रानी ही समस्या है, जिसे सुंदर, कामुक और आकर्षक बताया गया है। दशरथ कैकेयी से विवाह करते हैं क्योंकि उनकी पहली रानी कौशल्या, उन्हें एक पुत्र देने में सक्षम नहीं है और उन्होंने

ज्योतिषियों से सुना है कि कैकेयी का पुत्रवती होना तय है। गंगा, राजा शांतनु की पहली पत्नी हैं। विवाह के बाद शांतनु अपना प्रण तोड़ते हुए उनके कार्यों पर प्रश्न उठाते हैं, जिसके फलस्वरूप वे उन्हें त्याग देती हैं। उनकी दूसरी पत्नी, सत्यवती को ऐसी शारीरिक सुगंध का वरदान प्राप्त है कि पुरुष उनके प्रति आकर्षित हुए बिना नहीं रह सकते।

कैकेयी और सत्यवती, दोनों को अत्यधिक स्वतंत्र रानियों के रूप में दर्शाया गया है। कैकेयी अपने पति के साथ रणभूमि में जाती है और उनके प्राण बचाती है, फलस्वरूप उन्हें दो वरदान प्राप्त होते हैं। सत्यवती तीर्थयात्रियों को नाव द्वारा नदी के पार ले जाने का कार्य करती है और पाराशर ऋषि का ध्यान उनकी ओर आकृष्ट होता है। पाराशर ऋषि की संतान को अपने गर्भ में धारण करने के कारण उसे अपने शरीर से आने वाली मछली की गंध से छुटकारा मिलता है और वह सुगंधित हो जाता है।

दोनों महाकाव्यों में आनंद, शक्ति और संपत्ति को पाने की इच्छा भविष्य में संकट का कारण बनती है। ऐसी इच्छाएँ केवल मनुष्यों में ही पाई जाती हैं। पशुओं में, प्राथमिक इच्छा भूख है। पशु लगातार भोजन प्राप्त करना चाहते हैं। वे केवल एक मौसम के लिए खाद्य भंडारण करते हैं। लेकिन, मनुष्य सदैव अतृप्त रहता है और उसकी इच्छाओं की कोई सीमा नहीं है। इसका कारण यह है कि हमारी कल्पनाओं में हमेशा विपत्ति और बिखराव की स्थितियाँ ही बनी रहती हैं, जो हमें घेरे रहती हैं। एक अनियंत्रित मन पूरी तरह से आत्मलिप्त अवस्था को प्राप्त करता है, जिसमें हम भूख, भय और इच्छाओं के कारण इतने अधिक रम जाते हैं कि दूसरों को अनदेखा कर देते हैं, या उन्हें महज अपने लक्ष्य को हासिल करने के साधन के रूप में देखते हैं। कोई इस पर कैसे नियंत्रण पा सकता है?

अपने अंतर्मन में झाँककर काल्पनिक स्थितियों से ध्यान हटाना तथा वास्तविक परिस्थितियों पर ध्यान केंद्रित करते हुए आगे बढ़ना ही संन्यासी का तरीका है। लेकिन यह हमें पूरी तरह से उदासीनता की स्थिति में पहुँचा देता है, जिसमें हम सभी बाहरी संबंधों से अलग हो जाते हैं, और हमें भावनाएँ और संवेदनाएँ भी महसूस नहीं होती हैं। इसलिए *रामायण* और *महाभारत* हमारे समक्ष एक अलग विकल्प के साथ आते हैं–जिसमें

हम अपनी इच्छाओं से कहीं आगे एक बड़े पारिस्थितिकी तंत्र पर ध्यान केंद्रित करते हैं।

दशरथ को यह तय करना था कि उनके लिए पत्नी की इच्छा अधिक मायने रखती है, या राजा के रूप में उनके कर्तव्य। शांतनु को भी यह तय करना था कि उनके लिए पत्नी की इच्छा अधिक मायने रखती है, या राजा के रूप में उनके कर्तव्य। राजा का धर्म क्या है? पति का धर्म क्या है? वे पहले पति थे या राजा?

बाद के कथानक में इस दुविधा के परिणाम सामने आते हैं। क्या ज्यादा मायने रखता है? सीता के लिए अपने पति का सहारा, अथवा एक दागदार प्रतिष्ठा वाली रानी से छुटकारा पाने की अयोध्यावासियों की इच्छा? प्रतिशोध लेने की द्रौपदी की इच्छा, अथवा कौरवों के साथ शांति कायम करने की हरसंभव कोशिश? व्यक्तिगत और व्यावसायिक संकट, नैतिक और नीति विषयक दुविधाओं को जन्म देते हैं, जिन्हें धर्म-संकट कहा जाता है।

19

दोनों महाकाव्य स्त्रियों के विरुद्ध होने वाली हिंसा की ओर ध्यान आकर्षित करते हैं

रामायण में, स्त्रियों के विरुद्ध हिंसा एक निरंतर विषय है। राम को राक्षस-स्त्री, ताड़का को मारने के लिए प्रोत्साहित किया जाता है। लेकिन

वशिष्ठ की शिक्षाओं को याद करते हुए राम प्रश्न करते हैं कि स्त्री हत्या तो वर्जित है। विश्वामित्र जोर देकर कहते हैं कि राम बाण चलाकर ताड़का का वध करें। बाद में, राम का सामना अहिल्या से होता है, जिसे उसके पति गौतम ने व्यभिचार करने के कारण पत्थर की शिला में बदल दिया था। राम अहिल्या को श्राप से मुक्त करते हैं। मंथरा नामक दासी, जो कैकेयी के मन में राम को वनवास और भरत के लिए राज्याभिषेक की माँग का जहर भर देती है, के विरुद्ध भी हिंसा दिखाई गई है । फिर, वन में, लक्ष्मण, सूर्पणखा को एक क्रूर दंड देते हुए उसके नाक और कान काट देते हैं, क्योंकि वह लगातार उनके और राम के प्रति यौन चेष्टाएँ कर रही थी और सीता को प्रतिद्वंद्वी मानते हुए क्षति पहुँचाने की धमकी दे रही थी। जब रावण को अपनी बहिन सूर्पणखा के नाक-कान कटने का पता चलता है, तो वह क्रोधित हो उठता है, और वह राम पर हमला करने के बजाए, सीता का अपहरण कर उन्हें अपने द्वीप राज्य-लंका में बंदी बना लेता है। राम दूत हनुमान समुद्र पार की अपनी यात्रा के दौरान कई महिला दानवों जैसे—सुरसा, सिंहिका और लंकिनी को परास्त करते हैं, जो रावण के किले की सुरक्षा में तैनात थीं। कुछ दृश्य चित्रणों में, हनुमान को कभी-कभी एक स्त्री, पनोती, को पैरों तले रौंदते हुए दिखाया जाता है, जो द्वेषी या नकारात्मक ज्योतिषीय शक्तियों (शनि की पनोती) की दानव है।

रामायण में, स्त्रियों के खिलाफ हिंसा मुख्य रूप से राक्षस जाति की स्त्रियों के विरुद्ध है, *महाभारत* में, यह हिंसा परिवार के सदस्यों पर की गई है। अंबा, अंबिका और अंबालिका का बलपूर्वक अपहरण कर लिया जाता है और उन्हें उस पुरुष से शादी करने के लिए मजबूर किया जाता है, जिसे वे पसंद नहीं करतीं। गांधारी अपने पति की नेत्रहीनता को साझा करने के लिए सदा के लिए अपनी आँखों पर पट्टी बाँध लेती हैं। लेकिन पाँच पांडवों की पत्नी द्रौपदी के साथ की गई हिंसा के समक्ष ये सारी बातें छोटी पड़ जाती हैं।

उसके साथ तीन बार हिंसा की जाती है। पहली बार, जब युधिष्ठिर उसे जुए में हार जाते हैं और दुश्शासन उसे बालों से खींचता हुआ सभागार में लाता है और सार्वजनिक रूप से निर्वस्त्र करने की कोशिश करता है।

दूसरी बार, जब वनवास के दौरान, उसे घर में अकेला पाकर जयद्रथ उसका अपहरण करने की कोशिश करता है। तीसरी और आखिरी बार, अज्ञातवास के दौरान विराट के महल में रानी की दासी के रूप में छिपी होने के दौरान, उसे रानी के भाई कीचक की यौन पहल और हिंसा का सामना करना पड़ता है। जब कीचक की हत्या हो जाती है, तो उसके भाई द्रौपदी को जीवित ही जला देने का प्रयास करते हैं।

लोग प्राय: इन कहानियों का उल्लेख भारत में स्त्रियों के निम्न दर्जे को दर्शाने के लिए करते हैं। लेकिन यह कतई ठीक नहीं है। *रामायण* और *महाभारत*, दोनों में ही स्त्रियां अपने पति से वादा पूरा करने की माँग करती हैं–*रामायण* में, कैकेयी, दशरथ से माँग करती है कि उन्हें वह वरदान दिया जाए जिसका उन्होंने वादा किया था, जबकि *महाभारत* में, गंगा और सत्यवती, दोनों तब तक शांतनु से विवाह करने से मना कर देती हैं, जब तक कि वे उनकी शर्तों को नहीं मानते।

रामायण में, सीता को भी ऐसी स्त्री के रूप में दिखाया गया है, जो अपने निर्णय लेने में स्वतंत्र है–राम के साथ वन में जाने का निर्णय, भूखे भिक्षु का वेश धारण किए हुए रावण को भोजन देने का जोखिम, हनुमान के कंधों पर बैठकर लंका से भागने की योजना को ठुकराना, राम के साथ अयोध्या वापसी, और अंत में, अपने परिवार को त्यागने और अपनी माँ के पास लौटने का निर्णय उन्होंने स्वयं ही लिया था। द्रौपदी को स्वतंत्र स्त्री के रूप में दिखाया गया है, जब वह कर्ण को अपने स्वयंवर में भाग लेने से रोक देती है, जब वह अपने पति द्वारा उसे जुए में दाँव पर लगाने के नियमों को चुनौती देती है, जब वह कौरवों के रक्त से अपने केशों को धोने तक उन्हें बाँधने से इनकार कर देती है, और जब वह अश्वथामा के मस्तक पर लगी मणि को खींच लेने की माँग करती है। सीता शांतिपूर्ण तरीके से उत्तर देती हैं; द्रौपदी अपने मन की बात कहती है।

जबकि, कई विद्वान हिंदू महाकाव्यों में स्त्रीविरोध और पितृसत्ता की ओर इशारा करना पसंद करते हैं, तो यह आवश्यक है कि दुनिया के अन्य हिस्सों की पौराणिक कथाओं में पाए जाने वाले स्त्रीविरोध और पितृसत्ता के साथ इसकी तुलना की जाए। बाइबिल में, प्राय: ऐसी पंक्तियाँ दृष्टिगोचर

होती हैं जिनमें परमेश्वर अपने चुनिंदा लोगों से उन जनजातियों पर हमला करने के लिए कहते हैं, जो 'गलत देवताओं' की आराधना करते हैं और उस जनजाति के प्रत्येक पुरुष, महिला और बच्चों को मार डालने के लिए कहते हैं। यूनानी महाकाव्यों में, यूनानी सैनिक ट्रॉय पर अपनी जीत के बाद ट्रॉय स्त्रियों से बलात्कार करते हैं और उन्हें रखैल या उपपत्नी बना लेते हैं। वास्तव में, विजेताओं द्वारा हारे हुए पक्ष की स्त्रियों के साथ ऐसे दुराचार का वर्णन हिंदू महाकाव्यों में नहीं मिलता। लंका पर राम की विजय के बाद, रावण की पत्नियों और लंका की स्त्रियों के साथ कोई दुर्व्यवहार नहीं किया गया। पांडवों की विजय के बाद, कौरवों की विधवाओं के साथ बलात्कार या उन्हें गुलाम बनाने का कार्य नहीं किया गया।

बौद्ध धर्म और जैन धर्म में सभी प्रकार की हिंसा वर्जित है, लेकिन दोनों ही धर्म स्त्री को जन्म-मरण के चक्र से मुक्ति पाने के लिए अपर्याप्त मानते हैं। ज्ञानप्राप्ति के लिए ऋषियों द्वारा पत्नियों का परित्याग करना बौद्ध और जैन कथाओं की प्रमुख विशेषता है। इसके विपरीत, *रामायण* और *महाभारत*, दोनों ही स्त्रियों को आख्यान का अभिन्न अंग मानते हैं। सीता के बिना कोई *रामायण* संभव नहीं है, और द्रौपदी के बिना कोई *महाभारत* संभव नहीं है। यह कहानी उतनी ही उनकी है, जितनी राम और कृष्ण की।

20

दोनों महाकाव्यों में प्रतिशोध की गुप्त कहानियाँ हैं

रामायण और *महाभारत* के क्षेत्रीय और लोक संस्करण, जो लगभग एक हजार वर्ष पूर्व से लिखे जाने लगे थे, में ऐसी कई कहानियाँ हैं जो शास्त्रीय संस्कृत संस्करणों में नहीं मिलती हैं। क्या ये भिन्न कहानियाँ हैं? क्या ये कहानियाँ नए सिरे से लिखी गई हैं? क्या इनमें वे बातें लिखी गई हैं, जिन्हें संस्कृत संस्करण के रचनाकारों द्वारा नहीं लिखा गया? हम केवल अनुमान ही लगा सकते हैं। लेकिन वे महाकाव्यों को पूरी तरह से एक नया कलेवर देते हैं।

रामायण के लोक संस्करणों, विशेष रूप से तमिलनाडु, कर्नाटक, आंध्र प्रदेश और केरल के कठपुतली छायाचित्रों में, हमें बताया गया है कि राम और रावण के बीच युद्ध सूर्पणखा ने शुरू कराया था। कहानी इस प्रकार है कि एक बार वह ऐसा मांस खाना चाहती थी, जो उसकी भाभी–रावण की पत्नी मंदोदरी–उसे कभी नहीं परोसती। इस बात पर सूर्पणखा के पति विद्युतजिह्वा और उसके भाई रावण के मध्य बहस होने लगी। बहस इतनी गरमा गई कि विद्युतजिह्वा ने अपना मुँह खोलकर अपनी बिजली की तरह गरजती जीभ को बाहर निकाला और रावण को पूरा निगल लिया। उसके पेट के अंदर से, रावण ने सूर्पणखा को पुकारा और उसे बचाने की विनती की। लेकिन विद्युतजिह्वा के पेट से रावण को निकालने का परिणाम उसकी मौत ही होती। धूर्त रावण ने सूर्पणखा से कहा, 'यदि तुम अपने पति को बलिदान कर देती हो, तो मैं वादा करता हूँ कि तुम्हारे पुत्र को लंका का

उत्तराधिकारी बनाऊँगा।' भोली-भाली सूर्पणखा उस पर विश्वास कर लेती है, लेकिन जल्द ही उसे एहसास होता है कि उसके साथ छल किया गया है। सूर्पणखा का पुत्र संभुकुमार अपने पिता की मृत्यु का प्रतिशोध लेने का निर्णय करता है। वह देवताओं का आह्वान करके उनसे एक ऐसी तलवार हासिल करना चाहता है, जो रावण को मारने में सहायक हो। दुर्भाग्यवश, जिस समय तलवार प्रकट हुई, उसी समय लक्ष्मण उसे ठोकर मार देते हैं, जिससे तलवार हवा में तैर जाती है। वे इसे झपट लेते हैं और दुर्घटनावश संबुकुमार की मृत्यु उसी की तलवार से हो जाती है। जिस समय सूर्पणखा अपने पुत्र के हत्यारे को खोज रही होती है, तभी उसे राम दिखाई देते हैं। उसे समझ आ जाता है कि वह अब भी अपने दुर्भाग्य के कारण रावण को हरा और मार सकती है। वह राम को अपनी ओर आकर्षित करने की कोशिश करती है, लेकिन जब उसकी नाक कट जाती है, तो वह अपने अपमान का इस्तेमाल राम-रावण युद्ध को भड़काने में करती है।

महाभारत के लोक संस्करणों, विशेषकर *उड़िया महाभारत* में, हम सुनते हैं कि किस तरह शकुनि ने कौरवों के विनाश के लिए पांडवों से युद्ध की साजिश रची। कौरवों के जन्म के बाद, भीष्म को पता चलता है कि उनकी माँ विवाह के समय विधवा थी। यह भविष्यवाणी की गई थी कि गांधारी का दूसरा पति एक राजा होगा जो उसे महान पुत्रों की माँ बनाएगा, अत: गांधार के राजा उसका विवाह एक बकरे से कर देते हैं, जिसे विवाह के फौरन बाद मार दिया जाता है। इस वजह से गांधारी तकनीकी रूप से विधवा हो जाती है और धृतराष्ट्र उसके दूसरे पति बन जाते हैं। किसी घोटाले के डर से भीष्म इस रहस्य को जानने वाले सभी लोगों को मारने का फैसला करते हैं। इसलिए वे गांधार के राजा और उनके सौ पुत्रों को भोज के लिए आमंत्रित करके उन्हें बंदी बना लेते हैं तथा उन्हें हर दिन केवल थोड़ा सा भोजन देते हैं, ताकि उनकी भूख से मृत्यु हो जाए। तकनीकी रूप से, भीष्म आतिथ्य के नियमों को नहीं तोड़ रहे थे, क्योंकि वे उन्हें भोजन दे रहे थे। गांधार के राजा अपने सबसे छोटे और कुशल पुत्र शकुनि को ही भोजन कराने का फैसला लेते हैं, ताकि वह जीवित बचकर इस विश्वासघात का प्रतिशोध ले सके। यह सुनिश्चित

करने के लिए कि वह इस बात को कभी न भूले, गांधारराज शकुनि के टखने को काट देते हैं ताकि वह स्थायी रूप से लंगड़ाने लगे। उन्होंने अपने पुत्र से कहा, 'मेरी मृत्यु के बाद मेरे हाथ की हड्डियों से पासे बना लेना। उनकी चाल तुम्हारी इच्छा के अनुरूप ही होगी। वे प्रतिशोध लेने में तुम्हारी सहायता करेंगे।' इसी वजह से शकुनि ने कभी कौरवों और पांडवों की मित्रता नहीं होने दी। उसने चचेरे भाइयों के बीच ईर्ष्या की अग्नि को सदैव जलाए रखा। उसके पिता की हड्डियों ने यह सुनिश्चित किया कि पांडव जुआ हार जाएँ, और इससे ऐसी घटनाओं की शृंखला प्रारंभ हुई, कि कौरवों और पांडवों के बीच हुए युद्ध में समूचा कुरु घराना ही तबाह हो गया। कहानी के वैकल्पिक संस्करणों में, शकुनि की नाराजगी भीष्म के विरुद्ध नहीं बल्कि दुर्योधन के विरुद्ध होती है, जो अपनी प्रतिष्ठा की रक्षा के लिए अपने ही नाना को मरवा देता है।

इन कहानियों में, नायकों और खलनायकों के बीच की रेखाएँ धुँधली हो जाती हैं। सूर्पणखा और शकुनि मुख्य रणनीतिकार बनते हैं, जो पृष्ठभूमि में मौजूद रहते हैं—जबकि वास्तव में, खलनायक अपने ही सलाहकारों के शिकार बनते हैं। सूर्पणखा यह चाहती है कि राम, रावण को मार दें, जबकि वह ऐसा दिखावा करती है कि राम उसके शत्रु हैं। इसी तरह, शकुनि यह चाहता है कि पांडव, कौरवों को हरा दें, जबकि वह कौरवों के साथ होने का दिखावा करता है। कार्य-कारण का यह जटिल विचार हिंदू महाकाव्यों की एक प्रमुख विशेषता है। मनुष्यों का सीमित मस्तिष्क, कर्म के असीमित और जटिल तौरतरीकों को नहीं समझता है।

21

दोनों महाकाव्यों में भयभीत हिरन के अतिआत्मविश्वासी शिकारियों का उल्लेख है

प्राचीन भारत को आर्यवर्त या कुलीन लोगों की भूमि के रूप में जाना जाता था। प्रारंभिक धर्मग्रंथों में, इस क्षेत्र को सात पर्वतों और सात नदियों की भूमि के रूप में वर्णित किया गया है, जहाँ काले हिरन घूमते हैं। वैदिक काल में हिरन का शिकार राजाओं का पसंदीदा मनोरंजन था। ऋषि-मुनि प्राय: मृगछाल अथवा हिरन की खाल का इस्तेमाल वस्त्रों और बैठने व सोने के लिए बिछौने के रूप में किया करते थे।

अहिंसा के सिद्धांत के उदय के साथ, मनोरंजन या क्रीड़ा के लिए हिरनों के शिकार को हतोत्साहित किया गया। इसलिए, *रामायण* में, सीता, राम से मनोरंजन के लिए हिरन का शिकार नहीं करने का अनुरोध करती हैं, और राम कहते हैं कि यह तो राजाओं का पुराना शौक और आदत है। *महाभारत* में, पांडव द्वैत वन को छोड़कर काम्यक वन में लौट जाते हैं क्योंकि हिरन, युधिष्ठिर के स्वप्न में आकर यह शिकायत करते हैं कि पांडवों द्वारा अत्यधिक शिकार के कारण उनकी आबादी घट रही है।

महाकाव्यों में हिरन कई संकटों को जन्म देते हैं। *रामायण* में, सीता एक स्वर्ण मृग को देखकर आकर्षित होती हैं और राम से उसे जीवित या मृत पकड़ने के लिए कहती हैं। हिरन के प्रति उनकी इच्छा भविष्य में होने वाली परेशानी का संकेत हैं क्योंकि, जैसा कि बुद्ध ने कहा है, इच्छा ही समस्त दुखों का कारण है। वह मृग एक इच्छाधारी राक्षस मारीच था, जो

राम और बाद में लक्ष्मण को सीता से दूर ले जाता है, ताकि रावण सीता का हरण कर सके।

महाभारत में, यज्ञ के दौरान पवित्र अग्नि के मंथन में इस्तेमाल होने वाली ऋषि की अरणी (छड़ी) हिरन के सींगों में उलझ जाती है। पांडव हिरन का पीछा करते हुए यक्ष की विषैली झील तक जा पहुँचते हैं। झील का संरक्षक यक्ष, पांडवों से झील का पानी पीने के पूर्व प्रश्नों के उत्तर देने के लिए कहता है; लेकिन बलशाली पांडव, यक्ष की बात नहीं मानते हैं और पहले पानी पीने का निर्णय लेते हैं। परिणामस्वरूप, नकुल, सहदेव, अर्जुन और भीम की मृत्यु हो जाती है। हालाँकि, युधिष्ठिर यक्ष के सभी प्रश्नों के उत्तर देते हैं, और अपने भाइयों को पुन: जीवित कराने में सफल होते हैं। यक्ष और हिरन युधिष्ठिर के खगोलीय पिता धर्म अथवा यम निकलते हैं।

दोनों महाकाव्यों में, अतिआत्मविश्वासी ही संकट को आमंत्रित करते हैं। *रामायण* में, राम के पिता दशरथ और *महाभारत* में, पांडवों के पिता पांडु ऐसे अतिउत्साही शिकारी थे।

दशरथ शिकार पर जाते हैं और हिरन के पानी पीने के स्वर को सुनकर शब्दभेदी बाण मारते हैं। महान शिकारी वही माने जाते थे जो शिकार को देखने के बजाए सिर्फ उसकी ध्वनि सुनकर लक्ष्य को बेध सकते थे। हिरन के बजाए, वे एक बर्तन में नदी से पानी एकत्रित करने आये युवक को बाण मार देते हैं। यह आदर्श पुत्र श्रवण कुमार था। जब श्रवण के वृद्ध और नेत्रहीन माता-पिता को यह ज्ञात होता है कि दशरथ ने उनके पुत्र को मार दिया है, तो वे उन्हें श्राप देते हैं कि वह भी उन्हीं की तरह पुत्र वियोग में अपने प्राण त्यागेगा। जब राम वनवास को चले जाते हैं, तब दशरथ पुत्र वियोग में अपने प्राण त्याग देते हैं, और यह श्राप फलीभूत हो जाता है।

पांडु, शिकार पर गए दो संभोगरत हिरनों पर बाण चलाते हैं। उन दोनों को यह बाण लगता है। वे ऋषि किंडम और उनकी पत्नी थे, जो खुले में संभोग का आनंद लेने के लिए हिरन का रूप धारण किए हुए थे। किंडम ऋषि, पांडु को श्राप देते हैं कि वह अपनी पत्नी से संभोग की कोशिश करने पर तत्काल प्राण त्याग देगा। यह जानकर कि वे कभी पिता नहीं बन

सकता और ऐसा 'अक्षम' व्यक्ति राजा नहीं हो सकता, पांडु सिंहासन त्याग देते हैं और संन्यासी बन जाते हैं। वे अपने घर वापस आने से मना कर देते हैं, और इस तरह एक संकट को आमंत्रण देते हैं। उनका नेत्रहीन बड़ा भाई उनके स्थान पर राजा बनता है और पांडु की पत्नियाँ उसका साथ देने के लिए वन की ओर प्रस्थान करती हैं। उसकी ज्येष्ठ पत्नी कुंती, उसे एक ऐसी प्रथा के बारे में बताती है, जो अपनी पत्नी के पास जाने में असमर्थ पुरुष को संतानप्राप्ति हेतु सक्षम बनाती है। इसे नियोग प्रथा कहते हैं। वह पांडु से कहती हैं कि यदि वह अनुमति दे, तो उसके पास देवताओं का आह्वान करके उनसे पुत्र प्राप्त करने की शक्ति है। पांडु, कुंती को तीन देवताओं का आह्वान कर उनसे तीन पुत्र प्राप्त करने की अनुमति देते हैं– धर्म से युधिष्ठिर, वायु से भीम और इंद्र से अर्जुन। माद्री, जुड़वाँ अश्विनी कुमारों का आह्वान करती है और उनसे जुड़वाँ पुत्रों–नकुल और सहदेव, को प्राप्त करती है। इस प्रकार, पांडु अपनी किसी भी पत्नी से संसर्ग किए बिना ही पाँच पुत्रों के पिता बन जाते हैं। परंतु एक दिन, वे माद्री को देखकर कामुकता से भर उठते हैं और उससे संसर्ग करते ही तत्काल प्राण त्याग देते हैं। इस शोक और अपराधबोध से ग्रसित माद्री, पांडु की चिता पर ही सती हो जाती है और कुंती पाँचों पुत्रों के लालन-पालन हेतु अकेली ही रह जाती है।

वैदिक ग्रंथों में, हिरन को अधीर या बेचैन मन के एक रूपक की तरह दर्शाया गया है, जिसे महायोगी 'रुद्र' (शिव के वैदिक रूप) ने अपने काबू में कर लिया था। कवियों ने हिरन को हमारी इच्छाओं के प्रतीक के रूप में दर्शाया है, और हिरनों के शिकार को योग का रूपक बताया है। इसके अलावा धनुष और बाण को क्रमश: संतुलन और ध्यान का रूपक बताया है। लेकिन महाकाव्यों के अतिउत्साही शिकारी कोई योगी नहीं थे, और जिस हिरन का वे शिकार करते हैं, वह प्राय: छद्म भेष में किसी न किसी तरह का संकट ही होता है।

4

वनवास

जिससे हमें यह एहसास होता है कि वन और वनवासी इन कहानियों के साथ-साथ भारतीय दर्शन के लिए कितने महत्वपूर्ण हैं।

22

दोनों महाकाव्य वनवास की बात करते हैं

वन (जंगल, अरण्य), *रामायण* और *महाभारत,* दोनों महाकाव्यों की पृष्ठभूमि में है। वास्तव में, वन को एक स्थान के रूप में मानना, हिंदू दर्शन को समझने के लिए महत्त्वपूर्ण है।

जंगल में न कोई नियम है, न कर्तव्य, न दायित्व। सभी अपनी प्राकृतिक वृत्ति से संचालित हैं। ताकतवर, बुद्धिमान और फुर्तीला प्राणी बच जाता है। अयोग्य का नाश होता है। कोई, किसी की मदद को नहीं आता है। यह 'मत्स्य न्याय' का क्षेत्र है, जहाँ बड़ी मछली, छोटी मछली को खा जाती है, और इसमें किसी को आपत्ति नहीं है। इसका तात्पर्य है, कि सभ्य समाज में यह स्वीकार्य नहीं है। समाज में, ताकतवर को कमजोर व्यक्ति का ध्यान रखना पड़ता है। अयोग्य और कमजोर व्यक्तियों के लिए भी संसाधन उपलब्ध कराए जाने चाहिए। मनुष्यों के लिए यही धर्म है। जब मनुष्य, पशुओं की तरह व्यवहार करते हैं, तो वह अधर्म है। पशुओं को पशुओं की तरह ही व्यवहार करना चाहिए, क्योंकि ऐसा उनका अस्तित्व है इसीलिए, लेकिन मनुष्य के पास विकल्प होता है। इस विकल्प में धर्म का विचार सन्निहित है। हम जितना अधिक मानवीय होते और दूसरों की

परवाह करते हैं, उतना ही हम धर्म के मार्ग पर चलते हैं, जो अंततः हमें परमात्मा की ओर ले जाता है।

वन और मैदानों के पृथक्करण के इस विचार का बीज *सामवेद* में मिलता है, जहाँ जंगल में गाए जाने वाले गीतों और बस्तियों में गाए जाने वाले गीतों को अलग-अलग वर्गीकृत किया गया है। पहले में प्रकृति का प्राकृत, असंयमित, असंस्कृत और अनियमित रूप देखने को मिलता है। दूसरे में प्रकृति का परिपक्व, घरेलू, संवर्धित, विनियमित और नियंत्रित रूप देखने को मिलता है।

विष्णु पुराण में, उनका पहला अवतार एक मछली है, जो मत्स्य न्याय से संबद्ध है। यह मत्स्य न्याय उस समय सामने आता है, जब वे एक बड़ी मछली से बचने के लिए नदी में स्नान कर रहे मनु के पास मत्स्य रूप में पहुँचते हैं। मनु उस मछली को जीवित रखने के लिए पानी के एक बर्तन में रख देते हैं, लेकिन जैसे-जैसे मछली आकार में बढ़ती रहती है, मनु उसे क्रमानुसार बड़े बर्तनों में स्थानांतरित करते रहते हैं। अंत में मछली इतनी विशाल हो जाती है कि उसे समाहित करने के लिए समुद्र भी छोटा पड़ जाता है। समुद्र को और विस्तृत करने के लिए बारिश होती है, ताकि मछली के रहने योग्य जगह बन सके, परंतु इससे पृथ्वी ही डूब जाती है। बाद में बड़ी मछली ही मनु को डूबने से बचाती है। इस तरह वे संस्कृति के महत्व को सीखते हैं, जिसमें कमजोर प्राणी भी फल-फूल सके।

लेकिन यह कहानी हमें एक शिक्षा भी देती है कि—अत्यधिक उदारता खतरनाक है। यहाँ तक कि, मछली के स्वयं के देखभाल योग्य बड़े हो जाने के बावजूद मनु उसका ख्याल रखते रहते हैं, जिससे पारिस्थितिकी तंत्र में असंतुलन पैदा होता है, परिणामस्वरूप महान जलप्रलय होती है। बड़ी हो जाने के बाद वह मछली मनु के प्रति कृतज्ञता ज्ञापित करते हुए उनके उद्धारक के रूप में सामने आती है।

इस प्रकार, वन और बस्ती, प्रकृति और संस्कृति के बीच तनाव, हिंदू दर्शन के मूल में है। वन, जनजातियों और संन्यासियों के लिए होते हैं; और बस्ती गृहस्थों के लिए। वन का प्राकृतिक और मौलिक स्वरूप इसे एक खतरनाक जगह बनाता है, लेकिन यह मुक्ति और ज्ञानप्राप्ति के स्थान भी

है, क्योंकि इसमें मनुष्य निर्मित नियम नहीं चलते हैं।

रामायण में, राम तीन बार वन में जाते हैं–

- पहली बार, विश्वामित्र के शिष्य के रूप में। तब उनका सामना ताड़का और अहिल्या से होता है।
- दूसरी बार, वे अपना वनवास काटने के लिए वन में जाते हैं। पत्नी के साथ होने के बावजूद वे एक तपस्वी की तरह जीवन व्यतीत करते हैं। तब उनका सामना वानरों और राक्षसों से होता है।
- तीसरी बार, वे अश्वमेध यज्ञ के घोड़े के पीछे-पीछे भूसंपत्ति अर्जित करने के लिए एक राजा के रूप में वन में प्रवेश करते हैं। जहाँ वे सीता से मिलते हैं, जिन्हें वे बहुत समय पूर्व अयोध्या से निर्वासित कर चुके थे और जब उनसे घर वापस चलने को कहा जाता है, तो वे मना कर देती हैं।

महाभारत में, पांडव छह बार वन में जाते हैं–

- वन में ही उनका जन्म हुआ था।
- दूसरी बार, जब कौरवों ने उनके महल में आग लगा दी थी, तब वे शरणार्थियों की तरह वन में गए थे।
- तीसरी बार, जब उन्हें खांडव वन विरासत के रूप में प्राप्त होता है, तब वे एक शहर निर्माता के रूप में वन में जाते हैं, और उस पर इंद्रप्रस्थ नामक शहर का निर्माण करते हैं।
- चौथी बार, जब वे अपने राज्य को जुए में हार जाने के बाद वनवास काटने के लिए वन में जाते हैं।
- पाँचवीं बार, अश्वमेध यज्ञ के घोड़े के पीछे-पीछे भूसंपत्ति अर्जित करने के लिए एक राजा के रूप में वन में प्रवेश करते हैं।
- छठी और आखिरी बार, वे अपने राज्य का उत्तराधिकार परीक्षित को सौंपने के बाद संन्यासी के रूप में वन में प्रवेश करते हैं।

रामायण और *महाभारत* दोनों में, हम यह देखकर आश्चर्य में पड़ जाते हैं कि कौन सा स्थान अधिक क्रूर है–वन या मानव बस्ती। संस्कृति का

तात्पर्य ही यही है कि जिसमें शक्तिशाली लोगों द्वारा कमजोर लोगों का ख्याल रखा जाए। लेकिन यह आवश्यक नहीं कि ऐसा सच में हुआ हो।

रामायण में, एक स्त्री की महत्वाकांक्षा के परिणामस्वरूप उसके सौतेले पुत्र को राजगद्दी छोड़कर चौदह वर्ष के वनवास का आदेश दिया जाता है। बाद में, प्रजा में हो रही कानाफूसी के कारण एक राजा को अपनी पत्नी को वनवास हेतु भेजना पड़ता है। *महाभारत* में, चचेरे भाइयों ने पांडवों के महल को आग के हवाले कर दिया था, जिससे उन्हें जंगल में शरण लेने के लिए विवश होना पड़ा। हस्तिनापुर में, एक स्त्री को बालों से खींचकर सार्वजनिक रूप से बेइज्जत किया जाता है, और अंतत: पांडव और कौरव भूमि पर अधिकार के लिए उसी तरह लड़ते हैं, जैसे कुत्ते मांस को झपटने के लिए लड़ते हैं।

इस प्रकार, हम भौतिक संसार (वन) से मनोवैज्ञानिक संसार (पाशविक सोच) में आ गए हैं। आप मनुष्यों को वन से बाहर कर सकते हैं, लेकिन क्या आप मनुष्य के मन से पाशविक सोच को बाहर कर सकते हैं? जानवरों की ही तरह, अपने इलाके या क्षेत्र में मनुष्य हावी हो सकता है–और पशुओं की ही तरह प्रतिद्वंद्वियों से भयभीत भी।

23

दोनों महाकाव्यों में वन के प्राकृतिक भोजन के साथ रसोई में पकने वाले भोजन का उल्लेख है

वन में, कोई रसोई नहीं होती है। पशु-पक्षी और पौधे अपना भोजन नहीं पकाते हैं। केवल मनुष्य अपने भोजन को पकाता है। रसोई, संस्कृति की परिचायक है। रसोई की अग्नि को प्रथम यज्ञ भी माना जाता है। अयोध्या में, सीता की रसोई एक लोकप्रिय तीर्थ स्थान है। *महाभारत* में, द्रौपदी के अक्षय पात्र का उल्लेख मिलता है, जिसमें कभी भोजन समाप्त नहीं होता। इस प्रकार, दोनों महाकाव्यों की नायिकाएँ पाक कौशल विधा में निपुण हैं। फिर भी, वन में उन्हें ऋषियों जैसा भोजन–बिना पके कंद, फल और बेर–जामुन इत्यादि, ग्रहण करना पड़ता है।

हिंदू दर्शन के केंद्र में भोजन (अन्न) का विचार है, जो सेवन करने पर मांस (अन्न-कोष) में परिवर्तित हो जाता है, और शरीर को आत्मा का वाहन माना गया है। प्रत्येक जीवित प्राणी का यह प्राथमिक दायित्व (धर्म) है कि वह अपने शरीर को भोजन का सेवन कराए और उसे स्वस्थ रखे। प्रकृति ही भोजन का स्रोत है। प्रकृति ही देवी है। वही भोजन है। वही मांस है। मांस भोजन बन जाता है और भोजन मांस बन जाता है। देवी के बिना जीविका नहीं हो सकती है, इसलिए, उसके बिना, कोई जीवन भी नहीं हो सकता है। रसोई एक पवित्र स्थान होता है, जहाँ सूप और रस तैयार किए जाते हैं, और अनाज, फल, सब्जियों, मछली और मांस से भोजन (भोग) तैयार किया जाता है। देवी, वन के साथ-साथ रसोई की

भी देवी हैं–अन्न-पूर्णा।

तपस्वी शिव, भूख को जागृत करने वाले देवता हैं, लेकिन फिर वे अपने गणों की भूख को देखकर यह महसूस करते हैं कि भले ही उन्हें भोजन की आवश्यकता न हो, परंतु उनके अनुयायियों को तो है। इस तरह वे अपनी पत्नी–रसोई देवी का सम्मान करना सीखते हैं। पुराणों में रसोई को सम्मान देने का विषय, *रामायण* और *महाभारत* में क्रमश: सीता और द्रौपदी की रसोई के विवरणों के द्वारा बखूबी अभिव्यक्त हुआ है।

रामायण में, रावण, सीता से भोजन की ही भिक्षा माँगकर उन्हें अपनी झोपड़ी के सुरक्षाचक्र से बाहर आने के लिए विवश करता है। भूखे को भोजन कराना पुण्य का कार्य माना जाता है। एक अपरिचित को भोजन कराने के लिए सीता अपनी व्यक्तिगत सुरक्षा को दाँव पर लगाती हैं। हिमाचल के एक लोकगीत में, एक कौवा सीता की रसोई से रोटी उठाकर लंका में गिरा देता है। जब रावण इस रोटी का स्वाद चखता है, तो वह इसे पकाने वाले के प्रेम में पड़ जाता है और उसकी दुनियाभर में तलाश करता है, और अंतत: सीता तक जा पहुँचता है।

महाभारत में, द्रौपदी, जो सभी आगंतुकों को भोजन कराने के लिए प्रसिद्ध है, को यह चिंता होती है कि वनवास के दौरान वह अतिथियों को कैसे भोजन करा पाएगी। तो, सूर्य देव, उसे एक ऐसा बर्तन (अक्षय पात्र) देते हैं जो तब तक रिक्त नहीं होता, जब तक कि द्रौपदी स्वयं भोजन न कर ले। इसीलिए, द्रौपदी हमेशा सभी को भोजन कराने के बाद ही आहार ग्रहण करती है।

दोनों महाकाव्यों में, विशेषकर लोक संस्करणों में, वन में पाए जाने वाले बेर एक शक्तिशाली रूपक की तरह हमारे समक्ष आते हैं। *रामायण* के क्षेत्रीय संस्करणों के माध्यम से हमें यह ज्ञात होता है कि कैसे एक बुजुर्ग आदिवासी महिला शबरी प्रत्येक बेर को चखने के बाद मीठे बेर ही राम को देती है। जूठे फल राम को देने पर लक्ष्मण नाराज हो जाते हैं। लेकिन राम, प्रेमपूर्वक दिए गए उन बेरों को स्वीकार करते हैं। वे उन बेरों को जूठा नहीं मानते। भोजन को 'सेकंड हैंड' या 'जूठा' बनाने का विचार भारत में बहुत महत्वपूर्ण विषय है। इस प्रकार दूषित या जूठे भोजन को

अशुद्ध माना जाता है और इसे भगवान को समर्पित किए जाने वाले प्रसाद हेतु अयोग्य माना जाता है। प्राकृतिक रूप में पाए जाने वाले 'फर्स्ट-हैंड' या अनछुए आहार को ही शुद्ध माना जाता है। शबरी द्वारा दिए गए बेर को स्वीकार करके, राम उन रूढ़िवादी धारणाओं को चुनौती देते हैं, जो भोजन, स्त्रियों, पुरुषों–की पवित्रता को लेकर समाज में व्याप्त हैं।

महाभारत के क्षेत्रीय संस्करणों में, जामुन (बैंगनी रंग का फल) एक महत्वपूर्ण भूमिका निभाता है। द्रौपदी द्वारा जामुन तोड़ लिए जाने पर एक ऋषि नाराज हो जाते हैं, जो इसे खाना चाहते थे। क्रोधित होकर वे द्रौपदी से कहते हैं कि यदि वह पुन: उन जामुनों को पेड़ में नहीं लगा देती, तो वे उसके पतियों को श्राप दे देंगे। परंतु ऐसा करना संभव नहीं था, अत: वे द्रौपदी को एक अन्य विकल्प देते हुए कहते हैं कि यदि वह अपने हृदय में छुपा कोई गहरा रहस्य उन्हें बता देती है, तो वे उसके पतियों को श्राप नहीं देंगे। इसलिए द्रौपदी यह स्वीकार करती है कि पाँच पति होने के बावजूद, वह कर्ण से प्रेम करती है। तत्काल वे जामुन फिर से पेड़ में लग जाते हैं। और हमें यह बताया गया है कि जिन व्यक्तियों के हृदय में कोई रहस्य छुपा है, उनकी जीभ इस फल को खाने पर बैंगनी रंग की हो जाएगी और ऐसे लोगों को द्रौपदी के बारे में कोई राय कायम नहीं करनी चाहिए। इस प्रकार, *रामायण* और *महाभारत*, दोनों महाकाव्यों में कामेच्छा, निष्ठा, विश्वास और पवित्रता जैसे गृहस्थ जीवन के जटिल मुद्दों पर बात करने के लिए वन में पाए जाने वाले इन फलों (बेर, जामुन) और नायिकाओं का उपयोग किया गया है।

24

दोनों महाकाव्यों में जनजातीय समुदायों का विवरण मिलता है

वन में रहने वाले आदिवासी समुदाय के लोग कृषि और पशुपालन के स्थान पर शिकार करके भोजन संग्रह करने को वरीयता देते थे। वे निजी संपत्ति की अवधारणा को अस्वीकार करते हैं, और वन, जो उनका प्राकृतिक आवास है, में घुल-मिलकर रहने की कोशिश करते हैं। *रामायण* में, उन्हें 'शबरा' कहा जाता है और *महाभारत* में, उन्हें 'किरात' कहा जाता है। वे ऋषियों की तरह नहीं हैं, जो भूमि पर कृषि करने और वहाँ बसकर संस्कृति के सृजन को महत्व देते हो।

वाल्मीकि *रामायण* में, जो 2000 वर्ष पूर्व लिखी गई थी, राम का सामना आदिवासी महिला शबरी से होता है। इस संस्करण में उसे मतंग ऋषि की शिष्या बताया गया है, जो राम को देखना चाहती थी। इसके काफी समय बाद लिखी गई 'उड़िया दंडी रामायण' में वह राम को आम खाने को देती है, एवं राम उन आमों में से उस आम को चुनते हैं जिस पर दाँतों के निशान थे। यह वृतांत लगभग 500 वर्ष पूर्व लिखे गए महाकाव्य में मिलता है, लगभग उसी समय भक्तिकालीन साहित्य ने लोकप्रियता अर्जित की थी। महज 300 वर्ष पूर्व लिखे गए हिंदी संस्करण में, हमें पहली बार शबरी के बेर की कथा देखने को मिलती है। वह राम को देखकर इतनी प्रसन्न हो जाती है कि वह स्वयं ही बेर चखकर उन्हें खाने के लिए देती है। लक्ष्मण को उसकी इस हरकत से घृणा होती है, लेकिन राम उसे ऐसा

करते हुए देखकर बहुत खुश होते हैं, क्योंकि वे जानते हैं कि वह बेरों को जूठा (एक अभिजात्य वर्जना) नहीं कर रही है, बल्कि यह सुनिश्चित कर रही है कि राम को सबसे मीठे बेर ही खाने को मिलें।

महाभारत में एक आदिवासी युवक एकलव्य, गुरु द्रोण से धनुर्विद्या सीखना चाहता है। द्रोण उसे शिक्षा देने से मना कर देते हैं क्योंकि वह क्षत्रिय नहीं है। वह बालक अपनेआप ही धनुर्विद्या का अभ्यास करता है, और ऐसा उत्कृष्ट धनुर्धर बन जाता है कि अर्जुन को असुरक्षा महसूस होने लगती है। एकलव्य कहता है कि वह अब भी द्रोण को ही अपना गुरु मानता है, इसलिए द्रोण गुरुदक्षिणा के रूप में एकलव्य का अँगूठा माँगते हैं। एकलव्य द्रोण को अपना अँगूठा काटकर दे देता है, और इस तरह वह भविष्य में कभी भी धनुष चलाने में सक्षम नहीं रहता है। बाद में, वनवास के दौरान अर्जुन का एक किरात से युद्ध होता है। दोनों ही यह दावा करते हैं कि उन्होंने ही सूअर का शिकार किया हैं। किरात, आसानी से अर्जुन को हरा देता है और उसे धिक्कारता है कि वह एक सुयोग्य राजकुमार नहीं है। अर्जुन, किरात के भेष में आए भगवान शिव को पहचान जाते हैं।

इस प्रकार, दोनों कहानियों में भारत के आदिवासी समुदायों का उल्लेख है जो मुख्यधारा के वैदिक समाज की चतुर्वर्ण जाति व्यवस्था से बाहर हैं। हम यह पाते हैं कि उन्हें अपरिष्कृत या वनवासी होने के बावजूद सम्मान की दृष्टि से देखा जाता है। दोनों कहानियों में, उनकी मासूमियत सामने आती है–शबरी की मासूमियत को राम स्वीकार करते हैं, जबकि द्रोण, एकलव्य की मासूमियत का लाभ उठाते हैं। आदिवासी समुदायों को मुख्यधारा में शामिल करने पर जोर देने के लिए कृष्ण ने एक 'भालू' प्रजाति की स्त्री से विवाह किया था।

25

दोनों महाकाव्यों में वन में तपस्वियों के साथ होने वाली मुलाकातों का वर्णन है

ऋषि और तपस्वी वे लोग थे, जिन्होंने अज्ञात एवं दुर्गम स्थलों की यात्राएँ कीं और वे अपने साथ वैदिक जीवनशैली भी लेकर गए। सामान्यतया, वे हिरन (मृग) द्वारा बनाए गए मार्गों का ही पालन करते थे, क्योंकि यह सीधा जलस्रोतों तक जाता था, जो किसी भी मानव बस्ती के अस्तित्व के लिए बेहद महत्वपूर्ण था। ऋषि यज्ञ अनुष्ठान से संबद्ध थे। मानव बस्तियों की स्थापना के लिए तीर्थ का जल और यज्ञ की अग्नि अत्यंत महत्वपूर्ण हैं; जल और अग्नि के बिना, कोई गाँव नहीं बस सकता।

राजन्य या योद्धा, जो धनुर्विद्या में निपुण होते थे, इन ऋषियों का अनुसरण करते थे। वे अश्वमेध यज्ञ का अनुष्ठान किया करते थे और अपने घोड़ों का उपयोग स्वयं को चक्रवर्ती राजा के रूप में स्थापित करने एवं आसपास के भूभाग पर नियंत्रण करने के लिए किया करते थे। संभवतया इसी कारण से दोनों महाकाव्यों में वन में भेजे गए राजाओं का वर्णन है, जहाँ बार-बार उनकी मुलाकात ऋषियों से होती थी, जो जलस्रोतों के नजदीक ही यज्ञ का आयोजन करते थे।

आप जंगल में क्या करते हैं? यदि आप एक योद्धा हैं, तो आप अपना समय हिरन का शिकार करते हुए उसके मांस, खाल एवं अस्थियों को प्राप्त करने में बिताते हैं, और आक्रामक जनजातियों व राक्षसों से स्वयं का बचाव करते हैं। लेकिन *रामायण* और *महाभारत* में, ऋषियों से मिलने

और पवित्र स्थानों के भ्रमण को बहुत महत्व दिया गया है। अत:, संपूर्ण भारत में, ऐसी कई गुफाएँ, तालाब और झरने मिलते हैं, जिनके बारे में यह प्रचलित है कि राम या पांडवों ने इस स्थान का भ्रमण किया गया था।

रामायण में, राम की वन में कई ऋषियों से मुलाकात होती है, जैसे कि शारभंग, सुतीक्ष्ण और अगस्त्य। ये ऋषि राम को अपने साथ निवास करने के लिए आमंत्रित करते हैं, लेकिन राम विनम्रतापूर्वक मना कर देते हैं, क्योंकि वे शिकार की अपनी आदत से उन्हें परेशान नहीं करना चाहते थे। सलिलाहार (जो सिर्फ पानी ही पीते थे) और वायुभक्षण (जो सिर्फ वायु ही ग्रहण करते थे) जैसे कुछ नामों से हमें उन तपस्वियों के अत्यधिक उपवास के बारे में जानकारी मिलती है।

महाभारत में भी, पांडवों की मुलाकात कई ऋषियों से होती है, जिनमें वृहदश्व, जो उन्हें नल-दमयंती की कथा सुनाते हैं; मार्कंडेय, जो उन्हें राम (रामोपाख्यान) और सावित्री और सत्यवान की कथा सुनाते हैं; और अंत में, पुलत्स्य और धौम्य, जो उन्हें विभिन्न तीर्थ स्थलों (तीर्थ) की यात्रा करने के लिए कहते हैं।

रामायण में, राम अपने वनवास के दौरान सबसे पहले चित्रकूट में रुकते हैं, फिर दंडक वन होते हुए पंचवटी तक जाते हैं, और सीता के हरण के बाद किष्किन्धा होते हुए दक्षिणी तट की ओर प्रस्थान करते हैं। यह *रामायण* के दक्षिण दिशा की ओर गमन को दर्शाता है। हमें यह ध्यान में रखना चाहिए कि *रामायण* के सबसे पुराने संस्करण '*वाल्मीकि रामायण*' के विश्लेषण से किसी को भी यह आश्चर्य हो सकता है कि क्या महाकाव्य के रचयिता को आधे दक्षिणी भारत की जानकारी थी, अथवा गंगा के मैदानी इलाके की, यदि 'समुद्र' शब्द का वास्तविक अभिप्राय कोई बड़ी नदी या नदियों का संगम हो। यह अत्यधिक विवादास्पद है, क्योंकि प्रचलित मान्यता के अनुसार राम ने भारत के दक्षिणी छोर तक यात्रा की थी, और समुद्र के तट पर रामेश्वरम मंदिर की स्थापना भी की थी। श्रीलंका में ऐसे कई स्थान चिह्नित किए गए हैं जिन्हें सीता के लंकाप्रवास से जोड़कर देखा जाता है, परंतु कुछ निंदकों का यह तर्क है कि ऐसा भारत से हिंदू पर्यटकों को आकर्षित करके व्यापार को बढ़ावा देने के लिए स्थानीय लोगों ने किया है।

महाभारत में, पांडव अपने वनवास के दौरान काम्यक और द्वैत वनों में घूमते रहे। वे चार बार काम्यक वन में और तीन बार द्वैत वन में रहे थे। *महाभारत* में उत्तर दिशा की ओर गमन दर्शाया गया है, जिसमें हिमालय को प्रमुखता से स्थान दिया गया है। कहते हैं पांडवों ने उत्तराखंड के बद्रीनाथ और केदारनाथ मंदिर के भी दर्शन किए थे। हमें बताया गया है कि हिमालय पर्वत की शीर्ष चोटी से संबद्ध इंद्रधनुष हमें स्वर्ग की दिशा बताता है, जो देवताओं के राजा इंद्र और अन्य देवताओं का निवास है। लेकिन ऋषियों के निर्देश के अनुसार वे भारतीय उपमहाद्वीप के विभिन्न तीर्थ स्थलों का भ्रमण करते हैं, जिनमें गंगा के मैदानों में स्थित काशी; मध्य भारत स्थित उज्जैन, जिसे महाकाव्य में महाकाल के रूप में वर्णित किया गया है; पंजाब में ज्वाला-मुखी, जिसे वाडव (अग्नि की जीभ) के रूप में वर्णित किया गया है; कर्नाटक में गोकर्ण; राजस्थान में माउंट आबू; गुजरात में प्रभास; और भारत के सबसे दक्षिणी छोर पर स्थित कन्या-तीर्थ शामिल है।

यह ध्यान में रखा जाना चाहिए कि इन महाकाव्यों में–शिव या विष्णु से जुड़े–उन पवित्र स्थल का उल्लेख नहीं है, जो आज हमें ज्ञात है, बल्कि मुख्य रूप से नदियों के किनारे बसे उन स्थानों का उल्लेख है, जहाँ ऋषि-मुनि निवास करते थे। इससे ज्ञात होता है कि महाकाव्यों के काल में अधिकाँश गतिविधियों का केंद्र उत्तर भारत में गंगा के मैदानों के आसपास था। हालाँकि कुछ निडर ऋषियों के प्रयास से वैदिक सभ्यता, पश्चिम में कच्छ की खाड़ी और दक्षिण में तमिलनाडु तक, भारतीय उपमहाद्वीप के अधिकाँश भागों में फैल गई, विशेष रूप से सिर्फ आदिवासी इलाके वैदिक मार्ग से अछूते रहे।

26

दोनों महाकाव्यों में राक्षसों का उल्लेख है

हिंदू पौराणिक कथाओं में 'बुराई' शब्द मौजूद नहीं है। इस धरती पर मौजूद सभी जीव-जंतु परमात्मा के अंश हैं। लेकिन जीवित बचे रहने के लिए, प्राणी को या तो अन्य जीवित प्राणियों को अपना शिकार बनाना पड़ता है, या अन्य प्राणियों के साथ प्रतिस्पर्धा करनी पड़ती है। जब ऐसा होता है, तो परभक्षी और प्रतिद्वंद्वी हमारे दुश्मन बन जाते हैं। हम उनसे नफरत करते हैं। हम उनसे डरते हैं। हम उन्हें खलनायक, बदतर और राक्षस कहते हैं।

राक्षस वनवासी होते हैं, जिन्हें कभी-कभी वन के रक्षक भी कहा जाता है। इस कारण उनका ऋषियों से सीधा संघर्ष होता है, जो प्रकृति को मानवों के निवास के अनुकूल बनाकर संस्कृति का निर्माण करना चाहते हैं। ऋषियों की दृष्टि में राक्षस, असभ्य होते हैं तथा उन्हें वश में करने की आवश्यकता है, क्योंकि वे जंगल के कानून-जिसकी लाठी, उसकी भैंस-से ऊपर नहीं उठ पाए हैं। इसलिए, राक्षसों और ऋषियों के बीच हमेशा संघर्ष होता रहता है, जोकि *रामायण* और *महाभारत* जैसे महाकाव्यों की पृष्ठभूमि बनाता है।

रामायण में, राम को विशेष रूप से राक्षसों के हमले से ऋषियों की रक्षा करने हेतु आमंत्रित किया जाता है। विश्वामित्र उन्हें ताड़का और उसके साथियों-सुबाहु और मारीच, का वध करने का निर्देश देते हैं। राम, खर और दूषण नामक राक्षसों का भी वध करते हैं। अंत में, राम, राक्षसों के राजा रावण और उसके सहयोगियों–कुंभकर्ण, अहिरावण तथा उनकी

सेनाओं को भी पराजित करते हैं।

महाभारत में, पांडवों का सामना भी कई राक्षसों से होता है। जब वे अपने महल में आग लगा दिए जाने के बाद पहली बार वन में शरण लेते हैं, तब उनका सामना जटासुर, बकासुर और हिडिंबा से होता है। भीम, वन के पास रहने वाले ग्रामीणों की खुशहाली के लिए उन सभी राक्षसों को मारते हैं। वास्तव में, इस प्रकार वे हिडिंब नामक राक्षस की बहन हिडिंबी को प्रभावित करते हैं, जो उनसे विवाह कर लेती है और उनका एक पुत्र भी जन्म लेता है, जिसे हम घटोत्कच के नाम से जानते हैं। अपने वनवास के दौरान जब पांडव पुन: वन में प्रवेश करते हैं, तो उनका सामना एक अन्य राक्षस किरिमिरा से होता है। वह भी भीम के हाथों मारा जाता है।

यह दिलचस्प बात है कि *महाभारत* में, राक्षसों को असुर कहा जाता है। इन दोनों शब्दों को एक-दूसरे के पर्याय के रूप में इस्तेमाल करना आम बात है। हिंदू पौराणिक कथाओं में, राक्षसों के विभिन्न प्रकार बताए गए हैं। देवताओं से युद्ध करने वालों को असुर कहा जाता है। ऋषियों से लड़ने वाले को राक्षस कहते हैं। देव-असुर संग्राम ऊर्ध्वाधर है, क्योंकि देवता आकाश में रहते हैं; और ऋषि-राक्षस संग्राम क्षैतिज है, क्योंकि दोनों पृथ्वी पर रहते हैं। लेकिन राक्षस वनों के साथ पूर्ण सामंजस्य से रहते हैं, जबकि ऋषि वनों को मैदान में परिवर्तित करके खेती करने का प्रयास करते हैं।

रामायण में, राक्षस अत्यंत सभ्य दर्शाए गए हैं। राक्षसों का राजा रावण भी पूर्णतया राक्षस नहीं है, उसके पिता विश्रवा ऋषि थे। विश्रवा का एक दूसरा पुत्र भी है, जिसे एक यक्षिणी जन्म देती है। उसका नाम कुबेर है, और वह सोने की लंका का निर्माण करता है। लंका का राजा बनने के लिए रावण, कुबेर को अपने वश में कर लेता है। अत: *रामायण* में हमें जो राक्षस मिलते हैं, वे राक्षसों और ऋषियों की संकर नस्लें हैं—एक वनवासी असभ्य है, दूसरी सुसंस्कृत और घरेलू। *रामायण* में, विश्वामित्र स्पष्ट रूप से राम को यह निर्देश देते हैं कि वे राक्षसों के हमले से ऋषियों की रक्षा करें। ऐसा अनुमान लगाया जा सकता है कि राक्षस अवैदिक लोग थे, जिन्होंने ऋषियों को घुसपैठियों और आक्रमणकारियों के रूप में देखा। यह परिकल्पना प्रशंसनीय है क्योंकि यह पाया गया है कि बाद के समय में,

विशेष रूप से तमिलनाडु के आसपास, राजाओं ने ब्राह्मणों को नए गाँव (ब्रह्मादेय गाँव) बसाने के लिए भेजा, जैसा कि वैदिक काल में ऋषियों को मानव बस्ती बसाने वालों के रूप में वर्णित किया गया है। वे एक मंदिर की स्थापना करते थे, जिसके चारों ओर एक नया मानव समुदाय बस जाता था, जो सुरक्षा देने के बदले राजा को कर का भुगतान किया करते थे।

महाभारत में, जब खांडव वन में आग लग जाती है, तो माया नामक एक असुर पांडवों की शरण में आता है और वह उनके लिए एक बड़ा नगर बनाने का प्रस्ताव देता है। वह राक्षस है या कोई और? हमें यकीन से नहीं कह सकते। युद्ध में, राक्षस दोनों पक्षों की ओर से लड़ते हैं। भीम का पुत्र घटोत्कच, पांडवों की ओर से लड़ता है, जबकि एक अन्य राक्षस आलंबुशा, कौरवों की ओर से लड़ता है।

ऋषियों ने यज्ञ को बहुत महत्व दिया है। यह एक ऐसा अनुष्ठान था, जिसमें परस्पर विनिमय-लेनदेन-शामिल होता था। विनिमय या लेनदेन विशुद्ध रूप से एक मानवीय गुण है। जानवर, विनिमय या परस्पर आदान-प्रदान नहीं करते, सिवाय चमगादड़ों और चिंपांजी की कुछ प्रजातियों के, जो सिर्फ अपनी ही प्रजातियों के परिचित सदस्यों के साथ विनिमय करते हैं। मानव संस्कृति विनिमय पर आधारित है, और विनिमय के कारण ही इसका विस्तार हुआ है। हम यह भी कह सकते हैं कि ऋषियों ने निरंकुश धरती और असभ्य मानव मन को बसने के अनुकूल और सुसंस्कृत बनाने का प्रयास किया। इस कारण स्वाभाविक रूप से उनका संघर्ष जंगल में रहने वाले उन वनवासियों के साथ हुआ, जो विनिमय या परस्पर आदान-प्रदान के बजाए केवल ग्रहण करना ही पसंद करते थे। वनवासियों ने जंगल के कानून का पालन किया और सभ्यता, जिसकी वजह से प्रकृति का विनाश होता है, का विरोध किया।

27

दोनों महाकाव्यों में गंधर्वों और अप्सराओं का उल्लेख है

गंधर्व, सुगंध (संस्कृत में गंध) से जुड़े प्राणी हैं। वे संगीतकार हैं तथा अकसर अप्सराओं की संगति में पाए जाते हैं। हालाँकि, *रामायण* और *महाभारत* में, उनका वर्णन वन के प्राणियों के रूप में हुआ है जिनसे राम और पांडवों की वनवास के दौरान मुलाकात होती है।

रामायण में, विरध नामक एक राक्षस सीता का अपहरण करने की कोशिश करता है। उसे हथियारों से नहीं मारा जा सकता था। इसलिए, जब राम और लक्ष्मण उसे पकड़ते हैं, तो वे उसकी हड्डियाँ तोड़कर जिंदा दफन कर देते हैं। जैसे ही उसकी मृत्यु होती है, उस राक्षस के शरीर से एक गंधर्व प्रकट होता है तथा अपना परिचय तुंबुरु के रूप में देता है। वह राम को उसे बचाने के लिए धन्यवाद देता है। बाद में, जब रावण द्वारा सीता का अपहरण कर लिया जाता है, तब कबंध नामक एक राक्षस, जिसका सिर उसके धड़ में धँसा हुआ था, राम और लक्ष्मण को पकड़ लेता है और उन्हें खाने का प्रयास करता है। जब कबंध को मार दिया जाता है, तो उसके शरीर में से एक गंधर्व निकलता है, जो अपना परिचय विश्ववसु के रूप में देता है और अपने प्राण बचाने के लिए राम को धन्यवाद देता है। इस प्रकार, *रामायण* में, जब राम इन राक्षसों को मारते हैं, तब उनके शरीर में छिपे हुए गंधर्व प्रकट और मुक्त होते हैं।

महाभारत में भी गंधर्व वनवासी के रूप में दर्शाए गए हैं। चित्रसेन

नामक एक गंधर्व, सत्यवती के उस पुत्र को मार देता है, जिसका नाम चित्रसेन था। अंगारपर्ण नामक एक गंधर्व से अर्जुन का सामना होता है और वे उसे पराजित करते हैं। वह कृतज्ञतावश अर्जुन को घोड़े और रथ प्रदान करता है, और धौम्य को अपने परिवार के पुजारी के रूप में स्वीकार करने का परामर्श देता है। जब अर्जुन इंद्र की नगरी स्वर्ग में जाते हैं, तब चित्ररथ नामक एक गंधर्व उन्हें नृत्य और गायन सिखाता है। जब कौरव वनवास के दौरान पांडवों के कष्टों को देखने के लिए वन में प्रवेश करते हैं, तब एक गंधर्व उन पर हमला करके दुर्योधन को बंधक बना लेता है। तब अर्जुन, शर्मिंदा दुर्योधन को बचाने के लिए आते हैं।

अप्सराएँ पानी (संस्कृत में अप्सा) से जुड़ी हुई प्राणी हैं। वे कामेच्छा को जागृत करने वाली, सम्मोहन की प्रतिमूर्ति और प्रेम के देवता कामदेव की साथी हैं। वे देवताओं के निवास में नृत्य करती हैं और ऋषियों को ध्यान से विचलित करती हैं। *रामायण* और *महाभारत* में उनकी बहुत कम लेकिन महत्वपूर्ण भूमिका है।

रामायण में, उर्वशी नामक एक मादक अप्सरा को देखकर ब्रह्मचारी ऋषि विभांडक इतने उत्तेजित हो जाते हैं कि वे अपनी इंद्रियों पर से नियंत्रण खो बैठते हैं और घास पर ही उनका वीर्यपात हो जाता है। एक मादा मृग उस घास को खाकर गर्भवती हो जाती है और शृंगी ऋषि को जन्म देती है। यही शृंगी ऋषि या ऋष्यशृंग उस यज्ञ का आयोजन करते हैं, जिसके फलस्वरूप दशरथ चार पुत्रों के पिता बनते हैं। *रामायण* में अन्य महत्वपूर्ण अप्सरा रंभा है, जिसके साथ रावण जोर-जबरदस्ती करता है। वह राक्षस राज रावण को श्राप देती है कि भविष्य में यदि वह किसी अन्य स्त्री के साथ जोर-जबरदस्ती करेगा, तो उसका सिर हजार टुकड़ों में विभक्त हो जाएगा। इसीलिए रावण स्वयं पर नियंत्रण रखता है और सीता के साथ जोर-जबरदस्ती नहीं करता है।

महाभारत में, पांडवों के पूर्वज पुरुरवा, उर्वशी नामक अप्सरा से प्रेम करने लगते हैं और जब वह उन्हें छोड़कर स्वर्ग चली जाती है, तो वे अपना मानसिक संतुलन खो बैठते हैं। बाद में, जब अर्जुन अपने पिता इंद्र से मिलने स्वर्ग जाते हैं, तो उनका सामना उर्वशी से होता है। वह अर्जुन

से प्रणय निवेदन करती है, लेकिन अर्जुन यह कहकर मना कर देते हैं कि चूँकि उसका विवाह उनके पूर्वज से हुआ था, इसलिए उसे स्पर्श करना अनुचित होगा। उर्वशी को इस तर्क पर गुस्सा आ जाता है, क्योंकि दिव्य प्राणियों के नियम, सामान्य एवं नश्वर प्राणियों के नियमों से भिन्न होते हैं। वह अर्जुन को श्राप देती है कि उसे अस्वीकार करने के कारण वह पुरुष होने के योग्य नहीं है। वह अपने जननांगों को खो देगा और एक किन्नर बन जाएगा। इस अभिशाप की अवधि सिर्फ एक वर्ष करने के लिए इंद्र अपनी शक्तियों का उपयोग करते हैं। अत: अर्जुन, राजा विराट के दरबार में एक वर्ष के अज्ञातवास के दौरान बृहन्ला नामक नर्तकी के रूप इस श्राप को भोगते हैं।

पुराणों में, गंधर्व और अप्सराएँ प्रेम के देवता कामदेव के साथ विचरण करते हैं और उनका कार्य ऋषियों और तपस्वियों को लुभाकर उनकी तपस्या भंग करना और उन्हें ब्रह्मचर्य त्यागकर सांसारिक व्यक्ति बनने के लिए प्रेरित करना है। *रामायण* और *महाभारत* में, गंधर्व संगीतकारों की तुलना में कहीं अधिक वनवासी प्राणी हैं, लेकिन अप्सराएँ दिव्य युवतियों के रूप में अपनी भूमिकाएँ निभाती हैं। सभ्यता और संस्कृति से दूर वे वन की प्राकृतिक जीवनशैली को मूर्त रूप देते हैं।

28

दोनों महाकाव्यों में नागवंशी लोगों का उल्लेख है

हिंदू, बौद्ध और जैन धर्मग्रंथों में नागों अथवा नागवंशियों की महत्वपूर्ण भूमिका है। वे कौन थे? क्या वे कृषि कार्य करने वाले अवैदिक लोग थे, जो सर्पों की पूजा किया करते थे और आर्यों द्वारा वनों में खदेड़ दिए गए थे? हम केवल अनुमान ही लगा सकते हैं। पुराणों के अनुसार, वे रसातल नामक पृथ्वी के नीचे स्थित एक भव्य संसार के निवासी हैं, जो कि वासुकी द्वारा शासित भोगवती नगर में है। वे इच्छाधारी रूप धारण करने की अपनी क्षमता के साथ-साथ अपने पास मौजूद उन रत्नों के कारण भी जाने जाते हैं, जिनमें समस्त बीमारियों के इलाज की क्षमता है। वे *रामायण* और *महाभारत* दोनों में महत्वपूर्ण भूमिका निभाते हैं।

रामायण के बाद संस्करण के अनुसार, रावण का पुत्र इंद्रजीत, जिसे मेघनाद के नाम से भी जाना जाता है, का विवाह एक नागवंशी राजकुमारी सुलोचना से हुआ था, और इसीलिए उसके पास नागों द्वारा उपहार में दिए गए कई जादुई हथियार थे। इस नाग-अस्त्र का उपयोग करके, वह हनुमान को पकड़ने में सफल होता है, जिन्होंने रावण की वाटिका में कहर बरपा दिया था। इसी नाग-अस्त्र के ज्ञान से लैस होकर वह युद्ध में राम और लक्ष्मण को बाँधने में सफल होता है, तब उन्हें बचाने के लिए वैकुंठ से गरुड़ देव आते हैं। अंतत: जब लक्ष्मण इंद्रजीत को मारते हैं, तब उसका सिर लंका में गिरता है, जबकि उसका धड़ युद्धभूमि में ही रहता है। राक्षसों में घबराहट फैल जाती है और वे युद्धभूमि से इंद्रजीत का शव लाने से

डरते हैं। तब उसकी विधवा, सुलोचना, उसका शव लेने के लिए आगे आती है, और राम उसके साहस की प्रशंसा करते हैं। *रामायण* के असमिया संस्करण में, अंतिम अध्याय में, जब सीता अयोध्या लौटने से इनकार कर देती हैं और धरती में समा जाती हैं, तो वह रसातल में ही निवास करती हैं। उन्हें अपने पुत्रों-लव और कुश-की बहुत याद आती है, इसलिए उनका अपहरण करने के लिए वे नागों को भेजती हैं। इस वजह से, नागों और राम के बीच युद्ध होता है और अंतत: सीता अपने पुत्रों को अयोध्या वापस लौटने देती हैं और राम से गुप्त रूप से मिलने का वादा करती हैं।

महाभारत में, पांडवों और कृष्ण का नागों या नागवंशियों से संबंध दर्शाया गया है। जब कौरव, भीम को विष देकर मारने का प्रयास करते हैं और नदी में फेंक देते हैं, तो नाग ही उन्हें बचाते हैं और विष प्रतिरोधी औषधि प्रदान करते हैं। भीम एक नागवंशी राजकुमारी से विवाह करते हैं और इस विवाह के फलस्वरूप जन्मा पुत्र *महाभारत* के युद्ध में भाग लेता है। अर्जुन भी नागवंशी राजकुमारी उलुपी से विवाह करते हैं, जिसके फलस्वरूप उन्हें अरावन नामक पुत्र की प्राप्ति होती है, और वह भी युद्ध में भाग लेता है। जब पांडव, खांडव वन में आग लगा देते हैं, तो नागों के आवास तबाह हो जाते हैं, और कई नाग मारे जाते हैं। जीवित बचे नागों में से एक, अश्वसेना, एक तीर के रूप में कर्ण के तरकश में प्रवेश करती है, जिसे वह अर्जुन पर छोड़ता है। कृष्ण सही समय पर रथ को जमीन में धँसा देते हैं, जिससे वह तीर अर्जुन के मुकुट पर लगता है और इस तरह वे अर्जुन को बचा लेते हैं। अश्वसेना पुन: कर्ण के पास जाती है, लेकिन कर्ण एक ही तीर को दो बार चलाने से इनकार कर देते हैं। इस अग्निकांड में जीवित बचा तक्षक नामक एक अन्य नाग अर्जुन के पोते परीक्षित को डंस लेता है। परीक्षित का पुत्र, जनमेजय, समूचे नागवंश को मारने के लिए एक यज्ञ का आयोजन करता है, लेकिन अर्धनाग-अर्धमानव 'आस्तीक' उन्हें ऐसा करने से रोक देता है, और प्रतिशोध की निरर्थकता को समझने के लिए *महाभारत* की कथा सुनने के लिए कहता है।

वैष्णव साहित्य के अनुसार, जब भी विष्णु पृथ्वी पर अवतरित होते हैं, तब दिव्य सर्प 'आदि-शेष' भी उनके साथ अवतरित होता है तथा

विष्णु के सिंहासन के रूप में कार्य करता है। जब विष्णु, राम के रूप में अवतार लेते हैं, तब आदि-शेष लक्ष्मण के रूप में अवतरित होते हैं; और जब विष्णु, कृष्ण के रूप में अवतार लेते हैं, तब आदि-शेष बलराम के रूप में अवतरित होते हैं।

कुछ विद्वानों का मत है कि भारत में सर्प-पूजा की परंपरा बहुत पुरानी है। यह चिंतन का एक वैकल्पिक तरीका था, जो धीरे-धीरे वैदिक विचारों में मिश्रित हो गया। सर्प-पूजा की यह परंपरा आदिवासी लोगों में पाई जाती थी, जिन्हें धीरे-धीरे कृषि कार्य करने वाले समुदायों द्वारा विस्थापित कर दिया गया। हालाँकि, उनका पूरी तरह से कभी सफाया नहीं हुआ। उन्होंने अपने समुदाय को आत्मसात करने की माँग की। इसलिए, केवल हिंदू मंदिरों में ही नहीं, बल्कि बौद्ध और जैन मंदिरों में भी ऋषियों या देवताओं को शरण देने वाले नागों को दर्शाया जाना एक आम बात है। नागों को बारिश और उर्वरता के साथ जोड़कर देखा जाता था, तथा अच्छी फसल और संतानप्राप्ति के लिए उनकी आराधना की जाती थी। आज, हम उन्हें हिंदू पौराणिक कथाओं के एक अभिन्न अंग के रूप में पाते हैं। हालाँकि, किसी समय वे संभवतया एक अलग धारा थे, जिनका वैदिक विचारों के साथ प्राय: संघर्ष होता रहता था।

29

दोनों महाकाव्यों में वैकल्पिक यथार्थ का वर्णन है

जिस राज्य का राजा अच्छा हो, वह आदर्श राज्य होता है, तथा जिस राज्य का राजा बुरा हो, उस राज्य में आतंक का राज होता है। *रामायण* और *महाभारत* दोनों महाकाव्यों में, हमें यह बताया गया है कि राम और युधिष्ठिर का राज एक आदर्श राज्य (यूटोपिया) होगा। हमें आतंक के साम्राज्य या डिस्टोपियन यथार्थ से भी अवगत कराया जाता है। एक आदर्श राज्य या यूटोपिया में, राजा अपनी प्रजा को निर्बलों या कमजोरों की देखभाल के लिए प्रेरित करता है। डिस्टोपिया या आतंक के राज में, राजा अपनी प्रजा पर हावी रहता है और उन्हें असुरक्षित महसूस कराता है, ताकि वे खुद का शोषण होने दें और स्वयं भी दूसरों का शोषण करें।

और इसीलिए, *रामायण* में हमें किष्किंधा नामक राज्य का वर्णन मिलता है, जिस पर बाली और सुग्रीव, दोनों भाइयों का समान अधिकार होना चाहिए था; लेकिन एक गलतफहमी के कारण बालि, किसी हावी होने वाले नर की तरह व्यवहार करता है और सुग्रीव को दूर भगा देता है, तथा सभी पेड़ों और समूह की मादाओं पर कब्जा कर लेता है। बाद में, लंका में, राम का सामना एक ऐसे राजा (रावण) से होता है, जो शांति स्थापित करने के बजाए अपने भाई (कुंभकर्ण), पुत्र (इंद्रजीत) और राजपाठ को समाप्त करने के लिए तैयार है।

महाभारत में, विराट का राज्य एक डिस्टोपिया है। यहाँ, पांडवों को यह अनुभव होता है कि एक सेवक होने के क्या मायने हैं: युधिष्ठिर

खेलकूद में राजा का साथी है, भीम रसोइया है, अर्जुन अस्तबल का रक्षक है, नकुल और सहदेव मवेशियों और घोड़ों की देखभाल का काम करते हैं, और द्रौपदी रानी की परिचारिका है। उन्हें पग-पग पर घरेलू सेवकों के साथ किए जाने वाले दुर्व्यवहार को सहन करना पड़ता है। अत्यधिक ईमानदार होने के कारण युधिष्ठिर को राजा का थप्पड़ सहना पड़ता है। नपुंसक होने के कारण अर्जुन का मजाक बनाया जाता है। राजा का साला कीचक, द्रौपदी के यौन उत्पीड़न का प्रयास करता है।

ये डिस्टोपियन यथार्थ हमें यह समझाने के लिए हैं कि आखिर क्यों हमें एक धर्म रक्षक राजा की आवश्यकता होती है। राम और युधिष्ठिर को यह लगातार याद दिलाया जाता है कि निर्बल की रक्षा करना क्यों आवश्यक है! हम यह भी सीखते हैं कि एक अच्छा राजा वह नहीं होता, जो लोगों को अपने ऊपर आश्रित बनाता है, बल्कि अच्छा राजा वही होता है जो लोगों को आत्मनिर्भर बनाए।

5

युद्ध

*जिसमें हम युद्ध से पहले की बातचीत और तैयारियों के साथ-साथ
युद्ध से जुड़े आकर्षण और नैतिक दुविधाओं पर चर्चा करते हैं।*

30

दोनों महाकाव्यों में गठबंधन और शांतिवार्ता के महत्व का वर्णन है

चाणक्य ने *अर्थशास्त्र* में कहा है कि राजा को अपने शत्रुओं से निपटने के लिए सहयोगियों और सेना की आवश्यकता होती है। *रामायण* और *महाभारत*, दोनों महाकाव्यों में इस बात पर विस्तार से चर्चा है कि युद्ध अवश्यंभावी होने पर किस तरह से राजाओं को गठबंधन या सहयोगियों की आवश्यकता होती है।

रामायण में, जब राम और लक्ष्मण को यह पता चलता है कि राक्षसराज रावण ने सीता का अपहरण कर लिया है, तो वे सीता को खोजने और वापस लाने के लिए सहयोगियों की तलाश करते हैं। इस वजह से वे वानरों के राज्य में पहुँचते हैं, जहाँ उन्हें कई सहयोगी मिलते हैं। राम के सहयोगी पशु-पक्षी हैं—गिद्ध, भालू, वानर और गिलहरी। उनकी उपस्थिति में, पशु-पक्षी जंगल के कानून को उलटने में सक्षम हैं और मनुष्यों की मदद करते हैं। गिद्ध यह बताते हैं कि सीता को कहाँ ले जाया गया है, भालू और गिलहरियाँ लंका तक पहुँचने के लिए पुल के निर्माण में मदद

करते हैं, और वानर, राक्षसों के साथ युद्ध करते हैं और सीता को मुक्त कराने में सहायता करते हैं।

महाभारत में, पांडवों को पांचालों, द्रौपदी के पिता और भाइयों का सहयोग प्राप्त होता है। उनके मामा-यादव और मद्र, कौरवों के पक्ष से लड़ते हैं। यादव इसलिए कौरवों की ओर से लड़ते हैं क्योंकि कृष्ण दोनों पक्षों को यह विकल्प देते हैं कि वे उनमें और उनकी सुसज्जित सेना में से किसी एक को चुन लें। वहीं मद्र नरेश गलती से ऐसा मान लेते हैं कि पांडव ही मार्ग में उनकी सेना का ख्याल रख रहे हैं, अत: वे उनके समर्थन का वादा कर देते हैं।

बलराम किसी भी पक्ष की ओर से युद्ध में भाग लेने से मना कर देते हैं। कृष्णा के साले रुक्मी को कोई भी पक्ष स्वीकार नहीं करता है। अर्जुन और भीम के पुत्र पांडवों की ओर से लड़ते हैं। यह विभाजन अधिकतर रिश्तेदारी और कृतज्ञता पर आधारित है, न कि धर्म पर। भीष्म, द्रोण और कर्ण कौरवों की ओर से इसलिए नहीं लड़ते हैं कि वे धर्म का पालन कर रहे हैं, बल्कि इसलिए क्योंकि उनकी नजर में निष्ठा या राजभक्ति सर्वोपरि है।

शांति हर कीमत पर युद्ध से बेहतर है। *रामायण* और *महाभारत*, दोनों में शांति बनाने रखने की हरसंभव कोशिश की जाती है, तथा युद्ध टालने और बातचीत करने के लिए दोनों पक्षों की ओर से मध्यस्थ और दूत भेजे जाते हैं।

रामायण में, बालि के पुत्र अंगद को रावण के साथ युद्ध की घोषणा करने अथवा शांतिपूर्ण समाधान निकालने हेतु भेजा जाता है। युवा अंगद, रावण के समक्ष अपनी शक्ति को साबित करते हैं। वे अपने पैरों को दृढ़ता से जमीन पर जमा देते हैं और राक्षसों को पैर को हिलाकर दिखाने की चुनौती देते हैं। राक्षस असफल रहते हैं। अंगद राम की महिमा का बखान करते हैं और रावण को राम की पत्नी को लौटा देने का परामर्श देते हैं। माता-पिता और पत्नी सहित पूरे परिवार के अनुनय-विनय के बावजूद रावण, सीता को लौटाने से मना कर देता है। अंत में, युद्ध घोषित होता है। लाठियों और पत्थरों से लैस वानर सेना, रावण की पूरी तरह अस्त्र-शस्त्र

से सुसज्जित सेना पर आक्रमण कर देती है।

महाभारत में, पांडव और कौरव पक्ष से दो-दो दूत शांतिवार्ता और समझौते हेतु भेजे जाते हैं। सत्याकि पांडवों से कहता है कि वे अपनी ताकत सुनिश्चित करने के बाद ही दूत को भेजें। अपने पक्ष में सहयोगियों को जुटाते समय पांडवों को यह ज्ञात होता है कि कौरव पहले ही कई राजाओं को अपने पक्ष में कर चुके हैं। द्रुपद के दूत को, जो पांडवों की भूमि वापस करने के लिए कहता है, कौरवों द्वारा अपमानित करके वापस भेज दिया जाता है। संजय, पांडवों से वापस न लौटने के लिए कहता है। उलुक, पांडवों का अपमान करता है और उनसे कहता है कि जो उनका है नहीं, वे उसकी माँग न करें। कृष्ण शांति स्थापित करने और समझौता करने की कोशिश करते हैं, लेकिन असफल रहते हैं। यहाँ तक कि पांडवों को सिर्फ पाँच गाँव देने की उनकी माँग भी दुर्योधन द्वारा ठुकरा दी जाती है, क्योंकि वह सुई की नोक बराबर भूमि भी पांडवों को नहीं देना चाहता था। इसके बाद कृष्ण, कर्ण को पांडवों के पक्ष में करके कौरवों को कमजोर करने की कोशिश करते हैं। युद्ध से पहले की ये सभी वार्ताएँ महाकाव्य के एक पूरे अध्याय 'उद्योग पर्व' में वर्णित हैं।

31

दोनों महाकाव्यों में उत्कृष्ट
अस्त्र-शस्त्रों का वर्णन है

रामायण में, जब भी सीता को प्यास लगती है, राम जमीन में एक तीर मारते हैं और पानी का एक फव्वारा फूट पड़ता है। *महाभारत* में, ऐसा ही

अर्जुन करते हैं–चाहे वह अपने घोड़ों की प्यास बुझाने के लिए हो, या मृत्युशय्या पर लेटे भीष्म की प्यास बुझाने के लिए हो। इस प्रकार, दोनों महाकाव्यों में, तीर केवल साधारण तीर नहीं हैं–बल्कि मिसाइल अथवा प्रक्षेपास्त्र हैं।

हमें यह बताया गया है कि प्राचीन काल में ऋषि–मुनि अपने मंत्रों की शक्ति से साधारण से तीर को भी एक मिसाइल में परिवर्तित करने की क्षमता रखते थे। मंत्र के द्वारा वे तीर में दैवीय शक्ति डाल देते थे। इस प्रकार, कोई योद्धा अग्निदेव की शक्तियों का आह्वान करके आग्नेयास्त्र, वायुदेव का आह्वान करके वायुयास्त्र, जलदेव का आह्वान करके वरुणास्त्र एवं नागदेव का आह्वान करके नागास्त्र जागृत कर सकता था। साधारण हथियार जहाँ सिर्फ एक व्यक्ति को मार सकता था, वहीं मंत्र द्वारा आवेशित अस्त्र एक साथ कई लोगों को मार सकता था।

रामायण में, राम ऐसे ही एक अस्त्र को समुद्रदेव वरुण पर छोड़ने के लिए जागृत करते हैं, पर वरुण उनसे ऐसा न करने की विनती करते हैं। वह राम से कहते हैं कि समुद्र को विभाजित कर मार्ग लेने के बजाए वे उनके ऊपर से एक पुल का निर्माण करें। राम सहमत हो जाते हैं किंतु वे यह जानते हैं कि एक बार अस्त्र के जागृत हो जाने के बाद उसे चलाना अनिवार्य है, अत: वे उसे उत्तर दिशा में छोड़ देते हैं। कहते हैं आज का थार रेगिस्तान उसी अस्त्र के प्रभाव के कारण अस्तित्व में आया। शक्तिशाली राक्षसराज रावण को मारने के लिए अंतत: राम को ब्रह्मस्त्र का ही प्रयोग करना पड़ा था।

महाभारत में, अर्जुन और कर्ण एक दूसरे पर ऐसी भयंकर मिसाइलें या प्रक्षेपास्त्र दागते हैं कि वे धरती और आसमान तक झुलस जाते हैं। अंतिम अध्याय में, क्रोधित अश्वत्थामा ब्रह्मास्त्र चला देता है और अर्जुन उसका मुकाबला करने के लिए एक अन्य प्रक्षेपास्त्र छोड़ते हैं। व्यास उन दोनों से अपने प्रक्षेपास्त्र वापस लेने के लिए कहते हैं और चेतावनी देते हैं कि यदि वे इनका प्रयोग करते हैं, तो प्रकृति हमेशा के लिए नष्ट हो जाएगी। कुछ लोगों का ऐसा मानना है कि महाकाव्य में प्रक्षेपास्त्र हमले के बाद के प्रभावों का वर्णन इस ओर इशारा करता है कि प्राचीन भारतीयों ने परमाणु

युद्ध के प्रभावों की उसी समय भविष्यवाणी कर दी थी। अर्जुन अपने तीर को वापस लेना जानते थे लेकिन अश्वत्थामा यह विद्या नहीं जानते थे, अत: वे अभिमन्यु की पत्नी उत्तरा के गर्भ में पल रही संतान के ऊपर यह तीर छोड़ते हैं। कृष्ण उस बच्चे को तो बचा लेते हैं, लेकिन अश्वत्थामा को यह श्राप देते हैं कि वह कभी न ठीक होने वाले, सड़े और मवादयुक्त जख्मों के साथ एक दयनीय जीवन भोगेगा।

हमें बताया गया है कि इन तीरों का उपयोग यज्ञ-शाला के ऊपर छत बनाने और नदियों पर पुल बनाने के लिए भी किया जाता था।

रामायण में, जब हनुमान जड़ी-बूटियों से भरे द्रोणागिरी पर्वत को लेकर अयोध्या के ऊपर से निकल रहे थे, तब भरत उन्हें तीर मारकर गिरा देते हैं। हनुमान, भरत को राम और लक्ष्मण की हालत के बारे में बताते हैं। हनुमान को सही समय से लंका तक पहुँचाने के लिए भरत एक शक्तिशाली तीर चलाते हैं, जिसके साथ हाथ में पर्वत धारण किए हुए हनुमान समय पर लंका पहुँच जाते हैं।

महाभारत में, भीष्म, गंगा नदी के प्रवाह को अवरुद्ध करने के लिए तीरों का प्रयोग करते हैं और अर्जुन, अपनी माँ की खुशी के लिए इंद्र के हाथी ऐरावत को आकाश से पृथ्वी पर उतारने के लिए एक पुल के निर्माण हेतु तीरों का प्रयोग करते हैं।

राम अपने पास अस्त्रों के प्रयोग की शक्ति होने के बावजूद इनके प्रयोग में संकोच करते हैं। इसके विपरीत, *महाभारत* के नायक इन अस्त्रों के प्रयोग हेतु लालायित रहते हैं। शायद कवि यह बताना चाहते थे कि बुद्धिमान लोग अपनी शक्ति का प्रदर्शन नहीं करते, जबकि अज्ञानी लोग ऐसा करते हैं।

32

दोनों महाकाव्यों में विमान या उड़नखटोले का उल्लेख है

कई हिंदुओं का ऐसा मानना है कि प्राचीन भारतीयों के पास हवाई जहाज अथवा उड़नखटोले थे, जिन्हें विमान कहा जाता था। यहाँ तक कि जैन धर्मग्रंथों में भी उड़न महलों या दिव्य विमानों का जिक्र पाया जाता है, जिसका अभिप्राय ज्यादातर लोगों ने हवाई जहाज समझा है।

विमान का अर्थ है, 'वह जो मापता हो'–अथवा वह जो हमारे मस्तिष्क को विस्तार दे। स्थापत्य विज्ञान में इसका अभिप्राय कमरे के ऊपर बनी बड़ी सी पिरामिडनुमा मीनार से है, जहाँ मंदिर में मूर्ति स्थापित होती है। देवताओं के रथ को भी विमान कहा जाता था। वैदिक काल में, देवताओं को भोजन ग्रहण करने के लिए आमंत्रित करने हेतु मंत्रों का उच्चारण किया जाता था; वे अपने उड़नखटोले में आया करते थे, जिसे पौराणिक काल में मीनार वाले ऐसे बड़े मंदिरों के रूप में देखा जाता था, जिसमें कई मंजिलें और खंभे होते थे। क्या ये उड़नखटोले ऐसी और किसी मनोवैज्ञानिक दशा को दर्शाते हैं, जो हमें ऊपर उठा कर परमात्मा की ओर ले जाते हैं, अथवा वे वास्तव में कोई ऐसी चीज हुआ करते थे जिन्हें प्राचीन वैज्ञानिकों और स्थापत्यविदों ने बनाया था?

इसका कोई पुरातात्विक साक्ष्य नहीं मिला है और वैमानिकी की अद्यतन जानकारी यह संकेत देती है कि जिस तरह के ढाँचे का विवरण मिलता है, उसकी उड़नशीलता संभव नहीं है। दुनियाभर में, ऐसी कई

विशाल पिरामिडनुमा संरचनाएँ हैं, जैसे मिश्र में गीजा का पिरामिड, जिन्हें देखकर ऐसा अनुमान लगाया जा सकता है कि प्राचीन मनुष्यों ने दूसरे ग्रह के निवासियों (एलियन) के साथ मिलकर इनका निर्माण किया था, जिससे उन्हें उड़ने की शक्ति मिलती थी। कई लोग ऐसे तर्क देते हैं कि प्राचीन भारतीय ज्ञान-विज्ञान की बदौलत ऋषियों को ऐसी सिद्धि हासिल थी कि वे इन उड़नखटोलों की सवारी किया करते थे। इस मान्यता का खंडन करने, कपोल-कल्पित कहने अथवा इस पर प्रश्न उठाने से कई लोग नाराज भी हो जाते हैं। लेकिन हमें यह ध्यान में रखना चाहिए कि जिस तेजी के साथ कुछ लोग प्राचीन भारतीय इतिहास में हवाईजहाजों की मौजूदगी के बारे में बहस करते हैं, उसी तेजी के साथ वे इस बात पर भी जोर देते हैं कि प्राचीन भारत में समलैंगिकता नहीं थी।

चाहे जो भी हो, *रामायण* और *महाभारत*, दोनों महाकाव्यों में उड़नखटोलों या विमानों का उल्लेख मिलता है।

रामायण में, प्रसिद्ध पुष्पक विमान का उल्लेख है। इसका निर्माण यक्षराज कुबेर ने किया था, जो इसका उपयोग पूरी दुनिया के भ्रमण में किया करते थे। इसे रावण ने हड़प लिया था, जो इसका इस्तेमाल दुनिया को डराने के लिए करता था। रावण इसी विमान से सीता को आकाश मार्ग से लंका लाया था। बाद में, राम इसी विमान से अयोध्या वापस गए थे। कभी-कभी इन विमानों को पक्षियों द्वारा खींचे जाने की कल्पना भी की गई है, जैसे सामान्य रथों को घोड़े खींचते हैं।

महाभारत में, उड़नखटोला नेपथ्य में रहता है। किसी को भी यह जिज्ञासा हो सकती है कि जिस समय पांडवों में जुआ खेलने के लिए द्यूतक्रीड़ा कक्ष में प्रवेश किया था, उस समय कृष्ण कहाँ थे। पुराणों में ऐसा कहा गया है कि उस समय वे शिशुपाल के मित्रों से युद्ध करने में व्यस्त थे। इंद्रप्रस्थ में युधिष्ठिर के राज्याभिषेक के अवसर पर कृष्ण ने शिशुपाल को सिर को धड़ से अलग कर दिया था। इसके प्रतिउत्तर में, शिशुपाल का मित्र शाल्व, कृष्ण की राजधानी द्वारका पर अपने उड़ने वाले विमान से आक्रमण कर देता है। जिस समय कृष्ण, शाल्व के साथ युद्ध में व्यस्त थे, पांडव अपना राज्य जुए में हार जाते हैं।

33

दोनों महाकाव्यों में साधनों का
औचित्य साबित किया गया है

योद्धा समुदाय, जैसे कि राजपूत, रणभूमि में अपनी वीरता और शौर्य के लिए जाने जाते हैं। एक महान योद्धा अपने शत्रु का सामना हमेशा सामने से करता है। फिर भी, *रामायण* में राम वानर-राज बालि को उस समय मारते हैं, जब वह अपने भाई सुग्रीव के साथ युद्ध में व्यस्त था। और *महाभारत* में, कृष्ण, अर्जुन को उस समय कर्ण के वध हेतु प्रेरित करते हैं, जब वह कीचड़ में धँसे अपने रथ के पहिए को निकालने में व्यस्त था। यह सही है या गलत?

न्याय करने की इच्छा अब्राहम की पौराणिक कथाओं (यहूदी धर्म, ईसाई धर्म और इस्लाम) में पाई जाती है, जहाँ परमेश्वर नियम बनाता है और एक न्यायाधीश के रूप में कार्य करता है। लेकिन हिंदू धर्म में, ईश्वर न्यायाधीश नहीं है। दोनों महाकाव्य कर्म, धर्म और आत्मा पर आधारित हैं।

धर्म में, केवल शक्तिशाली लोगों को सक्षम बनाने के लिए नियम मौजूद हैं ताकि वे कमजोर लोगों की देखभाल कर सकें। जो नियम सिर्फ शक्तिशाली लोगों का पक्ष लेते हों, वे नियम नहीं होते। इसलिए, *रामायण* में राम द्वारा उन नियमों का सम्मान नहीं किया गया जो सुग्रीव की जगह बालि का पक्ष लेते हों और *महाभारत* में कृष्ण द्वारा उन नियमों का सम्मान नहीं किया गया जो पांडवों की जगह कौरवों का पक्ष लेते हों।

कर्म में, पिछले जन्मों के कर्मों के आधार पर इस जन्म का भाग्य

निर्धारित होता है। इस प्रकार यह *महाभारत* की घटनाओं को *रामायण* में घटी घटनाओं की प्रतिक्रिया बनाता है। *रामायण* में राम, इंद्र के पुत्र (बालि) के स्थान पर सूर्य के पुत्र (सुग्रीव) का पक्ष लेते हैं और इसलिए, *महाभारत* में, विष्णु के अवतार के रूप में कृष्ण, सूर्य के पुत्र (कर्ण) के स्थान पर इंद्र के पुत्र (अर्जुन) का पक्ष लेने के लिए विवश हैं–ताकि क्रिया और प्रतिक्रिया का खाता संतुलित रहे।

असुरक्षा के वशीभूत होकर अहं जन्म लेता है और इसलिए धनवान और ताकतवर होने के बावजूद, शक्तिशाली व्यक्ति कमजोर पर हावी रहता है और उसका शोषण करता है। *रामायण* में बाली उस समय अहं से ग्रसित हो जाता है जब वह अपने पिता की इच्छा के बावजूद सुग्रीव के साथ राज्य साझा करने से मना कर देता है। *महाभारत* में, कर्ण उस समय अहं द्वारा ग्रसित होता है जब वह रथ-वाहक (सारथी) से ज्यादा महत्व रथ पर सवार धनुर्धर (रथी) को देता है। पांडव भी अहं से ग्रसित हैं, क्योंकि वे कर्ण को सूत-पुत्र कहते हुए लगातार अपमानित करते हैं, और वे यह नहीं जानते कि वास्तव में कर्ण उनका बड़ा भाई ही है। कृष्ण आत्मज्ञान के प्रतीक हैं और उन्हें स्वयं को चरवाहा (ग्वाला) या सारथी के रूप में देखे जाने से कोई शिकायत नहीं है। वे सामाजिक स्थिति से परे, आत्मा के भीतर देख सकते हैं। क्षुद्र सामाजिक पदानुक्रम से ऊपर उठना ही आत्मज्ञान की अवस्था है।

34

दोनों महाकाव्य, निष्ठा या वफादारी को लेकर अस्पष्ट हैं

निष्ठा या वफादारी अच्छी बात है या बुरी? सामान्यतया निष्ठा या वफादारी को एक गुण माना जाता है, जो कि ईमानदारी या अखंडता का प्रतीक है। हालाँकि, *रामायण* और *महाभारत* में, निष्ठावान या वफादार को दंडित और विश्वासघातियों को पुरस्कृत किया जाता है। *रामायण* में, निष्ठावान कुंभकर्ण को मार दिया जाता है, जबकि विश्वासघाती विभीषण को राजा बना दिया जाता है। *महाभारत* में, निष्ठावान भीष्म, द्रोण, कर्ण, शल्य और विकर्ण मारे जाते हैं, जबकि विश्वासघाती युयुत्सु को पुरस्कृत किया जाता है।

यह बात पश्चिमी विद्वानों को परेशान करती है, लेकिन उन लोगों को नहीं जो जन्म-मरण-पुनर्जन्म के चक्र पर यकीन रखने वाले भारतीय दृष्टिकोण को जानते-समझते हैं; और जैसा कि हमने देखा है, हिंदू पौराणिक कथाएँ सही/गलत, अच्छा/बुरा और निष्ठावान/विश्वासघाती जैसी द्विपक्षीय बातों में नहीं उलझती हैं। यह अहं/आत्मा, सीमित/असीमित, भय/विवेक और आश्रित/विश्वसनीय जैसे द्विपक्षीय विषयों पर विचारमंथन करती है। दूसरे शब्दों में, भारतीय दृषटिकोण एक बिल्कुल अलग धुरी पर कार्य करता है।

यह प्रश्न पूछा जा सकता है: निष्ठा या वफादारी क्या है? हम इसे महिमामंडित क्यों करते हैं? प्रकृति में, किसी तरह की निष्ठा या वफादारी नहीं है। प्रत्येक जीव-जंतु समूह या झुंड या छत्ते में शामिल होने का प्रयास करता है, क्योंकि इससे जीवित बचे रहने की संभावना बढ़ जाती है। मनुष्य

दो कारणों से निष्ठावान होता है–इससे उसके जीवित रहने की संभावना बढ़ती है, या यह उसकी आत्म-छवि को पोषित करता है। यही अहं है। हम निष्ठा या वफादारी चाहते हैं क्योंकि इससे हम सुरक्षित महसूस करते हैं। यह भी अहं है। आत्मा असुरक्षित या भूखी नहीं होती, इसीलिए, वह न तो किसी के प्रति निष्ठावान होती है और न ही इसकी अपेक्षा करती है।

निष्ठा, आश्रितता या निर्भरता को प्रकट करती है। आश्रितता या निर्भरता से दूर होना और स्वतंत्र होना ही आत्म-ज्ञान का उद्देश्य है ताकि व्यक्ति अंतत: विश्वसनीय या भरोसेमंद बन सके। ब्रह्मा और उनकी संतानें आश्रित हैं, वे निष्ठा चाहती और प्रदान करती हैं, इसलिए आराधना के योग्य नहीं हैं। शिव स्वतंत्र हैं, न ही वे स्वयं निष्ठावान हैं, और न ही किसी से अपेक्षा करते हैं, इसलिए, उनकी एक तपस्वी के रूप में पूजा की जाती है। विष्णु विश्वसनीय हैं, उन्हें निष्ठा की कोई आवश्यकता नहीं है, न ही वे स्वयं निष्ठावान हैं, लेकिन वे उन असुरक्षाओं को भलीभाँति समझने में सक्षम हैं जो मनुष्य को निष्ठावान बनाती हैं।

रामायण में, रावण के भाई अपने पक्ष का चयन करते हैं। विभीषण, रावण का विरोध करता है और राम के पक्ष में शामिल होता है। कुंभकर्ण भी रावण का विरोध करता है, लेकिन वह उसके ही पक्ष से लड़ता है। रावण को समर्थन देकर कुंभकर्ण, रावण की असुरक्षा का पोषण करता है और साथ ही साथ उसके अहं को और बढ़ा देता है। इस प्रकार, वह अधर्म करता है। षड्यंत्रकारी के पक्ष में होने के कारण वह इस युद्ध में जीत नहीं सकता, भले ही यहाँ पर विश्वासघात एक समझदारी का कार्य हो।

महाभारत में, भीष्म निष्ठावान हैं, क्योंकि वे धर्म से अधिक कुरु वंश की ख्याति की परवाह करते हैं; द्रोण निष्ठावान है, क्योंकि वे धर्म से अधिक राजघराने की परवाह करते हैं; कर्ण निष्ठावान है क्योंकि वह दुर्योधन का ऋणी है और उसे धर्म से बढ़कर मानता है; शल्य निष्ठावान है क्योंकि दुर्योधन कुटिलतापूर्वक उनकी सेना को अपने पक्ष में कर लेता है; दुर्योधन का विरोध करने के बावजूद विकर्ण निष्ठावान है, क्योंकि दुर्योधन उसका भाई है; दुश्शासन निष्ठावान है क्योंकि वह विकर्ण की तरह नहीं सोचता है। हालाँकि, युयुत्सु पक्ष बदल लेता है। वह धर्म को निष्ठा से ऊपर

मानता है। उसकी प्रशंसा कौरवों का विरोध करने के लिए नहीं बल्कि धर्म का पक्ष लेने के लिए की जाती है।

यह प्रश्न पूछा जा सकता है कि आप किसके लिए लड़ते हैं। निष्ठावान व्यक्ति अपने अहं को पोषित करने के लिए दूसरे की सेवा करता है। धर्म का पालन करने वाला जानता है कि वह केवल आत्मा की सेवा करता है–राम या कृष्ण की नहीं, लेकिन सच्ची मानवता या धर्म वही है जिसमें शक्तिशाली लोग अपने से कमजोर का ख्याल रखते हैं।

35

दोनों महाकाव्यों में शूद्र-हत्या का उल्लेख है

ऋग्वेद के आरंभिक ऋचाओं में, हम देखते हैं कि यह संसार ऋषियों (वैदिक ज्ञान के रखवाले) और राजन्यों (योद्धाओं और पशु-चरवाहों) में विभाजित है। बाद में, हमें चार श्रेणियों (चतुर्वर्ण)–ब्रह्मा (ब्राह्मणों), क्षेत्र या भूमि के रक्षक (क्षत्रिय), उत्पाद-निर्माता और व्यापारी (वैश्य), और सेवा-प्रदाता (शूद्र) का उदय देखने को मिलता है। अहं के कारण पदानुक्रम का निर्माण होता है, जो यह मानता है कि ब्राह्मण, शूद्रों से श्रेष्ठ हैं। आत्मा पदानुक्रम को नहीं मानती है, हालाँकि वह चार वर्णों को स्वीकार करते हुए उन्हें विविध व्यवसायों, जो समाज के निर्माण हेतु आवश्यक अवयव हैं, पर आधारित चार श्रेणियों के रूप में देखती है। सिर्फ वनवासी जनजातियाँ (निषाद) एवं उनसे भी आगे बर्बर (म्लेच्छ) ही इस चतुर्वर्ण प्रणाली से बाहर थे।

रामायण बनाम महाभारत

रामायण और *महाभारत* में, वनवासी जनजातियों, जिनका वर्णन राक्षस, असुर, गंधर्व, यक्ष, कपि या वानर और किरात आदि नामों से हुआ, के साथ कई मुठभेड़ें हुई हैं। उनमें से कुछ जनजातियाँ मित्रवत हैं, कुछ शत्रुतापूर्ण। वर्णों-ब्राह्मणों, क्षत्रियों और शूद्रों के मध्य भी बहुत तनाव है। वैश्य वर्ण इन महाकाव्यों से प्रायः अनुपस्थित ही है। उनकी जातक कथाओं में प्रमुख भूमिका है।

कभी-कभी वर्ण का अनुवाद 'जाति' के रूप में किया जाता है। 'जाति' शब्द का इस्तेमाल सबसे पहले पुर्तगालियों द्वारा भारत में पाए गए ऐसे कुलों या समुदायों के लिए किया गया था, जो एक विशेष व्यवसाय का पालन करते थे और अन्य जातियों के साथ भोजन (रोटी) और पुत्रियों (बेटी) को साझा न करके स्वयं को अलग किए हुए थे। अंग्रेजी शब्द कास्ट का उपयुक्त अनुवाद 'वर्ण' नहीं, 'जाति' है।

भारत में, हजारों जातियाँ हैं, जिनमें से कुछ जातियाँ पूरे भारत में पाई जाती हैं, जबकि कुछ जातियाँ क्षेत्र विशेष में पाई जाती हैं। ब्राह्मणों ने इन जातियों को चार स्तरीय प्रणालियों में वर्गीकृत किया, जिनमें वे शीर्ष पर थे, और स्थानीय जमींदार और राजा दूसरे स्तर पर थे। उन्होंने अन्य लोगों की परवाह नहीं की। इस जातिप्रथा से सर्वाधिक प्रभावित वे लोग थे, जो ऐसे व्यवसायों में लगे थे, जिन्हें 'अशुद्ध' माना जाता था, इनमें कचरा बीनने, नालियों की सफाई करने, मृत पशु, शव, चमड़ा, हड्डी व मांस से जुड़े व्यवसाय आदि शामिल थे। उन्हें 'अछूत' माना जाता था और उन्हें गाँवों में प्रवेश करने से वंचित कर दिया गया था। दोनों महाकाव्यों से इस श्रेणी के लोग भी गायब हैं, लेकिन चाहे कुछ भी हो, ऐसी कई कहानियाँ हैं, जो जातियों के महत्व और शूद्रों द्वारा किए जाने वाले व्यवसाय के महत्व को बताती हैं।

रामायण में, राम ने गुहा नामक नाविक और उसके भाई से गंगा नदी को पार कराने का आग्रह किया था। बाद में, अयोध्या लौटने पर, वे इसलिए शंभुक का वध कर देते हैं क्योंकि वह अपने जातिगत कर्तव्यों को पूरा करने के बजाए एक तपस्वी बनने का प्रयास कर रहा था। हमें बताया गया है कि शंबुक के कर्मों से प्राकृतिक व्यवस्था बाधित होती है, जैसा

कि एक ब्राह्मण पिता के सामने उसकी संतान की मृत्यु से संकेत मिलता है। यहाँ, राम सामाजिक व्यवस्था को बनाए रखने के लिए एक राजा के रूप में वर्ण धर्म को लागू करके अपनी भूमिका का निर्वहन कर रहे हैं। शंभुक का व्यवसाय क्या था? हम नहीं जानते, लेकिन उसे प्राय: शूद्र के रूप में पहचाना जाता है।

महाभारत में, कर्ण अपना पालन–पोषण करने वाले पिता के व्यवसाय को अपनाना नहीं चाहता है। वह धनुर्धर बनना चाहता है। अपने पिता के व्यवसाय को न अपनाने के कारण पांडवों द्वारा उसका लगातार अपमान किया जाता है। युद्ध में, वह उस समय मारा जाता है, जब वह अपने रथ का पहिया बदल रहा था, न कि जब वह धनुष धारण किए हुए था। दूसरे शब्दों में, उसके साथ सदैव जातिगत आधार पर भेदभाव होता है।

पांडव ऐसा महसूस करते हैं कि क्षत्रिय परिवार में जन्म लेने के कारण वे श्रेष्ठ हैं। लेकिन अपने वनवास के अंतिम वर्ष में, उन्हें राजा विराट के महल में सेवकों के रूप में रहना पड़ता है, और राजपरिवार के सदस्यों से अपमान सहना पड़ता है। युधिष्ठिर राजा के साथी के रूप में अपनी सेवाएँ देते हैं और उन्हें एक बार थप्पड़ भी मारा जाता है। भीम रसोइया बनते हैं और उन्हें स्वयं भोजन करने के पूर्व दूसरों को भोजन कराना पड़ता है। स्त्रियों को मुग्ध करने वाले अर्जुन को एक किन्नर की तरह रहना पड़ता है, और वे राजकुमारी को नृत्य सिखाते हैं। नकुल और सहदेव घोड़े के अस्तबल और गौशाला में काम करते हैं। द्रौपदी रानी की परिचारिका बनती है और रानी के भाई कीचक द्वारा उसका यौन उत्पीड़न किया जाता है। इस प्रकार, भविष्य के राजाओं को सेवकों का सम्मान करना सिखाया जाता है।

कृष्ण को एक राजा के बजाए चरवाहे और सारथी के रूप में पेश होने में कोई समस्या नहीं है, बल्कि वे हमें यह शिक्षा देते हैं कि स्वयं को दूसरों से श्रेष्ठ समझना ही अहं है और यह हमें आत्मा से दूर ले जाता है।

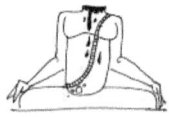

36

दोनों महाकाव्यों में ब्राह्मण-हत्या का उल्लेख है

हिंदू धर्म में, ब्राह्मण व्यक्ति की हत्या या ब्रह्म-हत्या सबसे घृणित अपराध माना गया है। ऐसा प्राय: कहा जाता है कि, ब्राह्मण-हत्या इन दोनों महाकाव्यों के साथ-साथ बाद में लिखे गए पुराणों का एक निरंतर विषय है, जहाँ राम, रावण को मारते हैं; कृष्ण, द्रोण की हत्या करने को प्रेरित करते हैं; शिव, ब्रह्मा और दक्ष का सिर, धड़ से अलग कर देते हैं और उन्हें कापालिक भी कहा जाता है—वह व्यक्ति, जिसके हाथ में एक ब्राह्मण की खोपड़ी हो। इस प्रकार ब्राह्मण-हत्या को जानबूझकर पुराणों का निरंतर विषय बनाया गया है जोकि एक सांस्कृतिक विचार को अभिव्यक्त और संप्रेषित करता है। हिंदू धर्मग्रंथों के ब्राह्मणवादी वर्चस्व के लिए बस इतना ही!

उपनिषदों में, 'ब्राह्मण' (किसी स्वर पर जोर नहीं दिया गया) का अर्थ है 'मन का विस्तार'; हालाँकि 'ब्राह्मण' (पहले स्वर और अंतिम व्यंजन पर जोर दिया गया) का तात्पर्य अनुष्ठान संहिता से भी है, साथ ही साथ उनकी देखभाल करने वालों को भी ब्राह्मण कहा जाता है। पौराणिक मिथकों में 'ब्राह्मण' (दूसरे स्वर पर जोर) भी है, जो कि इस जगत के 'ब्राह्मण' और सभी जीवित प्राणियों के पिता हैं।

अनुष्ठान के माध्यम से ब्राह्मण ग्रंथों में वर्णित ज्ञान को प्रसारित करना ही एक ब्राह्मण का कार्य था। ब्राह्मण ग्रंथों का ज्ञान मनुष्य के मन का विस्तार करता है ताकि हम जंगल के नियमों (मत्स्य न्याय) का शमन कर सकें, अहं का त्याग करें, आत्मा का अनुसरण करें और धर्म का पालन

करें। हालाँकि, इन दोनों महाकाव्यों में, ब्राह्मणों की मन के विस्तार और धर्म का पालन करने में बहुत कम और अहं में लिप्त होने में अधिक रुचि है।

रावण विश्रवा ऋषि का पुत्र है और द्रोण भारद्वाज के पुत्र हैं। विश्रवा और भारद्वाज दोनों ही वेदों के अच्छे जानकार हैं। रावण वैदिक ज्योतिष (ज्योतिष-शास्त्र) और भू-शकुन विज्ञान (वास्तु-शास्त्र) का विशेषज्ञ है, लेकिन वह एक योद्धा और बाद में एक राजा बनना चाहता है। वह अपने भाई कुबेर के राज्य को हड़प लेता है और स्वयं को लंका का राजा घोषित करता है। दूसरी ओर, द्रोण, अपने पिता से वेदों की शिक्षा प्राप्त करते हैं, और बाद में, परशुराम से वैदिक सैन्य कलाएँ (धनुर्विद्या) सीखते हैं। परशुराम ने द्रोण को क्षत्रियों को शिक्षा प्रदान करने से मना किया था, लेकिन द्रोण कुरु राजकुमारों को शिक्षा देकर परशुराम के आदेशों की स्पष्ट अवहेलना करते हैं। द्रोण एक योद्धा के रूप में कौरव सेना के सेनापति पद का दायित्व निर्वहन करते हैं, और यह सुनिश्चित करते हैं कि उनका पुत्र अश्वथामा राजा बने। अपनी जाति के व्यवसाय का पालन करने के बजाए ये लोग अहं से ग्रसित होकर महत्वाकांक्षी बन जाते हैं।

असुरक्षा की भावना रावण और द्रोण के मन में धन और शक्ति प्राप्त करने की इच्छा जागृत कर देती है। रावण अपने भाइयों और पुत्रों को मरने देने और अपने राज्य को जलकर भस्म होने देने के लिए तैयार है, पर वह सीता को उनके पति के पास भेजने को तैयार नहीं है। द्रोण को इस बात में कोई समस्या नहीं है कि उनके शिष्य गुरु दक्षिणा के नाम पर द्रुपद के राज्य पर हमला कर दें ताकि वह द्रुपद से अपना प्रतिशोध ले सके। एकलव्य का अँगूठे कटने में द्रोण को कुछ भी गलत प्रतीत नहीं होता। वे सुनिश्चित करते हैं कि धनुर्विद्या में अर्जुन की सर्वोच्चता बनी रहे। द्रोण को अपने पुत्र से इतना मोह था कि वे जैसे ही यह अफवाह सुनते हैं कि अश्वत्थामा मारा गया, वे युद्ध करना छोड़ देते हैं। पुराणों में यह वर्णन है कि ब्रह्मा अपनी ही रचना के प्रति वासना का भाव रखते हैं, और दक्ष, शिव को 'अपवित्र' मानते हैं। इस तरह के व्यवहार अस्वीकार्य हैं और संसार में अधर्म फैलाते और मानवता की हानि करते हैं। और इसलिए, पुराणों में भगवान के रूप में वर्णित राम, कृष्ण और शिव उसी तरह से ब्राह्मण का

सिर काट देते हैं जैसे उन्होंने अपनी जाति के कर्तव्यों का पालन नहीं करने पर शूद्र का गला काटा था।

वर्ण धर्म ने कृषि संबंधी पुरानी सामंती अर्थव्यवस्थाओं में आर्थिक समझदारी को जन्म दिया ताकि पीढ़ी दर पीढ़ी विभिन्न जातिगत समुदायों के व्यवसाय सुरक्षित हो सकें। हालाँकि, औद्योगिक और उत्तर-औद्योगिक अर्थव्यवस्थाओं में इसकी कोई प्रासंगिकता नहीं है। आज, व्यक्तिगत व्यवसाय और महत्वाकांक्षा को अधिक महत्व दिया जाता है। हम नाविक, धर्मगुरु, सारथी, चरवाहा, योद्धा, जो चाहें, हो सकते हैं, और यह पूरी तरह से ठीक है, बशर्ते हम अपने व्यवसाय का उपयोग अहं से ग्रसित होने और अधर्म के पालन में न करें।

6

परिणाम

जिसमें हम यह जान पाते हैं कि कैसे ये कहानियाँ जीत-हार के बारे में नहीं हैं, बल्कि इनमें जंगल एवं मनुष्यों की पाशविक प्रकृति के बारे में चिंतन-मनन है।

37

दोनों महाकाव्यों में दो अंत हैं

रामायण कैसे समाप्त होती है? राम के राज्याभिषेक के साथ, अथवा राम की मृत्यु के साथ? *महाभारत* कैसे समाप्त होती है? युधिष्ठिर के राज्याभिषेक के साथ, अथवा सशरीर स्वर्ग जाने की उनकी यात्रा के साथ? *रामायण* और *महाभारत,* दोनों महाकाव्यों के दो अंत हैं–एक वह, जिसमें खलनायक पर विजय है, और दूसरी वह, जिसमें हमारे अस्तित्व के उद्देश्य के बारे में गंभीर विचार मंथन है। पहला अंत वीरतापूर्ण, भव्य और उत्सव मनाने का है; दूसरा अंत त्रासदपूर्ण, ध्यानमग्न और अवसाद से भरा है। पहले अंत में भौतिक विजय है; दूसरे अंत में आध्यात्मिक जय है।

यदि हम इन महाकाव्यों को खलनायकों के विनाश की कहानियों के रूप में देखते हैं, तो रावण और कौरवों की मृत्यु पर इन महाकाव्यों का अंत हो जाना चाहिए था। लेकिन यह स्पष्ट है कि ये महाकाव्य सिर्फ खलनायक पर विजय हासिल करने के बारे में नहीं हैं। इन आख्यानों की विषय-वस्तु विस्तृत है। *रामायण* में, राम के जन्म से लेकर राम की मृत्यु तक की घटनाओं का विवरण है। *महाभारत* में, पांडवों के जन्म से लेकर पांडवों की मृत्यु तक की घटनाओं का विवरण है, साथ ही साथ इसमें कृष्ण के जन्म और मृत्यु का वृतांत भी शामिल है। इस प्रकार, ये दोनों

महाकाव्य पूरे जीवनकाल के बारे में हैं, इनमें जीवन के उतार-चढ़ाव का मिश्रण है, और वे ऐसे एकाएक ऐसे मोड़ पर समाप्त नहीं होते, जिसे पूरी तरह से सकारात्मक या नकारात्मक कहा जा सके।

पारंपरिक हलकों में, सबसे शुभ तस्वीर उसे माना जाता है, जिसमें राम और सीता सिंहासन पर बैठे हैं, उनके चरणों में हनुमान बैठे हैं और चारों ओर भाई खड़े हैं। यह राम-पट्टाभिषेक अथवा रामदरबार की छवि है—महाकाव्य का उच्चतम सुखद बिंदु। हालाँकि, इसके बाद सीता के बारे में प्रजा में गपशप, राम द्वारा सीता का परित्याग, राम की सेनाओं और लव-कुश के मध्य यज्ञ के शाही घोड़े को लेकर युद्ध, सीता का पृथ्वी में समा जाना और राम का स्वेच्छापूर्वक से सरयू नदी में समाधि लेना जैसी त्रासदपूर्ण घटनाओं का वर्णन है।

महाभारत में, सबसे शुभ तस्वीर वह मानी जाती है जिसमें बाणों की शैय्या पर लेटे भीष्म पांडवों को राजधर्म के बारे में शिक्षा दे रहे हैं। इसके बाद युधिष्ठिर का राज्याभिषेक, उनका अश्वमेध यज्ञ, धृतराष्ट्र के साथ भीम द्वारा दुर्व्यवहार, बुजुर्गों का संन्यास आदि घटनाएँ शामिल हैं, और अंत में पांडवों का संन्यास, जो सशरीर स्वर्ग जाना चाहते हैं, लेकिन युधिष्ठिर को छोड़कर सभी असफल रहते हैं।

ये दो अंत हमें जीवन के उद्देश्य पर विचार करने के लिए प्रेरित करते हैं। पहले अंत की तरह, क्या यही हमारी विजय और उपलब्धि है? अथवा जन्म से लेकर मृत्यु तक सुख-दुख, जय-पराजय से भरा हमारा संपूर्ण जीवन ही हमें सार्थकता प्रदान करता है। विजय प्राप्त करना आपके सुखी और प्रसन्न होने की गारंटी नहीं है, जैसा कि राम और कृष्ण के जीवन से हमें शिक्षा मिलती है। विजयी होने के बाद भी राम पुन: सीता से अलग हो जाते हैं, जबकि गांधारी कृष्ण को श्राप देती है, और द्रौपदी को अपने पुत्रों की अकाल मृत्यु का सामना करना पड़ता है। यदि पहला अंत एक निश्चित उद्देश्य को इंगित करता है, तो दूसरा अंत एक व्यापक दृष्टिकोण को हमारे समक्ष लाता है। अंत का चुनाव दर्शकों पर छोड़ दिया जाता है और यह उनकी भावनात्मक परिपक्वता पर निर्भर करता है।

38

दोनों महाकाव्यों में विधवा-विलाप का उल्लेख है

एक आखेटक के तीर से प्रेमक्रीड़ा में मग्न नर क्रौंच पक्षी की मृत्यु होने पर मादा पक्षी के करुण क्रंदन को सुनकर वाल्मीकि को राम के जीवन पर आधारित पहली कविता (आदि काव्य) लिखने की प्रेरणा प्राप्त हुई थी। आक्रोशित, वाल्मीकि उस आखेटक को श्राप देते हैं और वह श्राप एक श्लोक के रूप में सामने आता है। इस काव्य संरचना का उपयोग वे संपूर्ण *रामायण* महाकाव्य लिखने में करते हैं। विधवा-विलाप (इस मामले में एक पक्षी का) का विचार *रामायण* में बारंबार सामने आता है। तारा, राम के तीर से मारे गए बालि के लिए विलाप करती है। मंदोदरी, राम के तीर से मारे गए रावण के लिए विलाप करती है। सीता राम से अलग होने पर विलाप करती हैं, पहली बार जब रावण उनका हरण करता है, और बाद में अयोध्या में उनको लेकर हुई गपशप के कारण राम के द्वारा उनका परित्याग करने पर।

महाभारत में, एक पूरा खंड—स्त्री पर्व—है, जो शोक में विलाप करती विधवाओं को समर्पित है। इस खंड में, जो युद्ध की विभीषिका और कीमत की ओर हमारा ध्यान आकृष्ट करता है, पूरी रणभूमि वीर योद्धाओं की लाशों से पटी हुई है, उनके अंग क्षतविक्षत हैं, उनके सिर फटे हुए हैं, और कटी-फटी आँतें बाहर पड़ी हैं। चारों ओर रक्त ही रक्त है। सड़े हुए शवों की दुर्गंध हवा में तैर रही है। भेड़ियों और गिद्ध दूर क्षितिज में मँडरा रहे हैं, और झपट्टा मारकर मानव मांस खाने को तैयार हैं। महिलाओं के

विलाप के कारण कोई भी व्यक्ति शवों पर दावा करने के लिए आस-पास मौजूद नहीं है। द्रौपदी, जिसने अपना प्रतिशोध ले लिया है, अपने पुत्रों की मृत्यु पर विलाप करती है, जबकि क्रोधित गांधारी, कृष्ण को श्राप देती है।

39

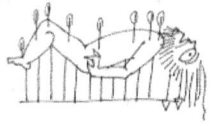

दोनों महाकाव्य पीढ़ी-दर-पीढ़ी
ज्ञान के संचरण की शिक्षा देते हैं

मृत्यु होने पर हम अपनी धन-संपदा को तो पीछे छोड़ जाते हैं, लेकिन ज्ञान को अपने साथ ले जाते हैं। अपने ज्ञान के अस्तित्व को बनाए रखने का एकमात्र तरीका यही है कि हम जीवित रहने के दौरान इसे दूसरों के साथ साझा करें। प्राचीन भारत के संदर्भ में यह विशेष रूप से सत्य था, जिस समय लेखन की जगह मौखिक प्रसारण को प्राथमिकता दी गई थी। भारत में लेखन की शुरुआत लगभग 2,300 वर्ष पूर्व मौर्य साम्राज्य के दौरान हुई थी, जो कि ब्राह्मी लिपि के रूप में मिलती है। इसीलिए, *रामायण* और *महाभारत*, दोनों महाकाव्यों में ज्ञान के संचरण की कथाएँ हैं, जिसका अर्थ यह है कि पुरानी पीढ़ी ने अपने ज्ञान को युवा पीढ़ी के साथ साझा किया है।

रामायण में, रावण की मृत्यु के समय राम, लक्ष्मण से कहते हैं कि रावण महान विद्वान है, अत: उसे रावण से ज्ञान प्राप्त करना चाहिए। लेकिन लक्ष्मण खाली हाथ लौट आते हैं। इसके बाद राम, रावण के पास जाते हैं

और उसके चरणों में अपना सिर झुकाते हैं और ज्ञान प्रदान करने के लिए आग्रह करते हैं। रावण मुस्कुराते हुए कहता है कि उसने लक्ष्मण के साथ अपना ज्ञान इसलिए साझा नहीं किया क्योंकि लक्ष्मण उसके सिर के पास आकर खड़े हुए थे और उन्होंने एक विजेता के अहंकार के साथ ज्ञान प्रदान करने की माँग की थी, जबकि राम, एक विजेता होने के बावजूद उसके समक्ष एक छात्र के रूप में विनम्रतापूर्वक प्रस्तुत हुए हैं। इसके बाद रावण, राम को अपना ज्ञान प्रदान करता है। यह कहानी *रामायण* के एक क्षेत्रीय संस्करण में दी गई है।

महाभारत में, कृष्ण, पांडवों से कहते हैं कि उन्हें मरणासन्न भीष्म के पास जाकर ज्ञान अर्जित करना चाहिए। भीष्म, पांडवों से धर्म के विभिन्न पहलुओं पर लंबे समय तक वार्ता करते हैं। यह महाकाव्य के अठारह पर्वों में से दो पर्वों–शांति पर्व और अनुशासन पर्व–में वर्णित है। पांडवों से अपने ज्ञान को साझा करने के बाद ही भीष्म प्राण त्यागते हैं।

40

दोनों महाकाव्यों में विजेताओं द्वारा अश्वमेध यज्ञ किए जाने का वर्णन है

भारत के अधिकाँश भागों में घोड़े नहीं पाए जाते हैं, लेकिन उन्हें नियमित रूप से उत्तर पश्चिमी भागों से आयात किया गया। फिर भी, घोड़े और

घोड़ों द्वारा खींचे जाने वाले रथ *रामायण* और *महाभारत* में एक महत्वपूर्ण भूमिका निभाते हैं। राम घोड़ों द्वारा खींचे जाने वाले रथ पर बैठकर अयोध्या छोड़ते हैं। रावण के साथ युद्ध के दौरान, राम को इंद्र से घोड़ों द्वारा खींचे जाने वाला रथ प्राप्त होता है, ताकि रावण के साथ बराबरी का युद्ध हो। कृष्ण घोड़ों द्वारा खींचे जाने वाले रथ पर बैठकर मथुरा छोड़ते हैं, और रुक्मिणी को अपहरण करके रथ पर ही ले जाते हैं। पांडवों और कौरवों के मध्य हुए युद्ध में भी घोड़ा चालित रथों का इस्तेमाल हुआ था। राम और कृष्ण को घोड़े की सवारी करते हुए चित्रित नहीं किया गया है–वे हमेशा रथ पर ही चलते हैं। घुड़सवारी के लिए बड़े और अच्छी नस्ल के घोड़ों की आवश्यकता होती है, जो संभवतया इन महाकाव्यों की रचना के बाद विकसित किए गए थे।

घोड़े की बलि–अश्वमेध यज्ञ–राजा की शक्ति को स्थापित करने के लिए एक महत्वपूर्ण वैदिक अनुष्ठान हुआ करता था। यज्ञ के दौरान, किसी घोड़े को एक वर्ष के लिए स्वतंत्र रूप से विचरण करने के लिए छोड़ दिया जाता था। यह घोड़ा जिस-जिस इलाके पर विचरण करता, उसे राजा के अधीन मान लिया जाता था। यदि इस घोड़े को पकड़ लिया जाता था, तो इसे राजा को पेश की गई चुनौती समझा जाता था, जिसके परिणामस्वरूप युद्ध होता था। वर्ष की समाप्ति पर घोड़े की बलि दी जाती थी। इस हिंसक अनुष्ठान में अश्लील एवं गुप्त मंत्रों का उच्चारण किया जाता था, जो चमत्कारिक रूप से घोड़े की पौरुष क्षमता को राजा तक हस्तांतरित किया करते थे।

रामायण में, अयोध्या के राजा बनने के बाद राम ने अश्वमेध यज्ञ का आयोजन किया। *महाभारत* में, हस्तिनापुर का राजा बनने के बाद युधिष्ठिर अश्वमेध यज्ञ का आयोजन करते हैं। घोड़े के स्वतंत्र विचरण के दौरान शत्रुघ्न, राम के घोड़े की रक्षा करते हैं, जबकि *महाभारत* में अर्जुन, युधिष्ठिर के घोड़े की रक्षा करते हैं।

अश्वमेध यज्ञ, न केवल विजेता राजा का शासन स्थापित करता है; यह दोनों महाकाव्यों में कई सगे-संबंधियों को एक-दूसरे के करीब लाता है। *रामायण* में, यह राम को उनके पुत्रों लव और कुश के नजदीक लाता

है। *महाभारत* में, यह युधिष्ठिर को उनके रिश्तेदारों, शत्रुतापूर्ण पड़ोसियों और कौरवों के पक्ष में रहने वालों के साथ सामंजस्य स्थापित करने में सहायता करता है।

राम और युधिष्ठिर के अश्वमेध यज्ञों की कहानियों ने कई स्वतंत्र महाकाव्यों को प्रेरित किया है। राम के द्वारा किया गया अश्वमेध यज्ञ उत्तर *रामायण* नामक एक कथा का अभिन्न अंग है। इस कथा को प्राय: मुख्य कथा या *रामायण* से अलग देखा जाता है—जोकि राम के राज्याभिषेक के साथ समाप्त होती है। रघुनाथ महंत द्वारा रचित *रामायण* के असमिया संस्करण *अद्भुत रामायण* में यह वर्णन है कि पृथ्वी में समा जाने के बाद सीता अपने पुत्रों को याद करती हैं और इसलिए वे नागराज वासुकी से अपने पुत्रों का अपहरण करके पाताललोक स्थित साम्राज्य में लाने के लिए कहती है। राम अपने पुत्रों को वापस लाने के लिए हनुमान को भेजते हैं। फलस्वरूप युद्ध छिड़ जाता है, और अंतत: सीता, राम और अपने पुत्रों के साथ समय बिताने के लिए गुप्त रूप से पृथ्वी पर लौटने के लिए सहमत हो जाती हैं।

पंद्रहवीं शताब्दी में, कई राजाओं ने *जैमिनी भारत* नामक रचना के लेखन को प्रोत्साहित किया, जो कि *महाभारत* का ही एक संस्करण है और अश्वमेध पर्व पर आधारित है। इसमें कृष्ण के प्रति श्रद्धा भाव दर्शाने के लिए युधिष्ठिर के द्वारा किए गए अश्वमेध यज्ञ का वर्णन है। इसमें कृष्ण के हस्तक्षेप के कारण पुराने शत्रुओं से समझौता हो जाता है। इसके अतिरिक्त, हमें कुछ नए राज्यों की भी जानकारी प्राप्त होती है, जैसे कि प्रमिला द्वारा शासित 'स्त्रियों का राज्य।' यहाँ तक वर्णन है कि बलिदान होने वाला घोड़ा भी वैकुंठ जाता है।

जैमिनी महाभारत की कथावस्तु व्यास रचित *महाभारत* में नहीं मिलती है। कहानी कुछ इस प्रकार है—व्यास के शिष्यों में से एक 'जैमिनी' को *महाभारत* की कथा को लेकर कुछ जिज्ञासा एवं संदेह था, अत: वे अपने गुरु की तलाश करते हैं, लेकिन तब तक व्यास तीर्थ यात्रा पर जा चुके थे। ऐसे में वे मार्कंडेय ऋषि के पास जाते हैं, उनके शिष्य जैमिनी को उन चार पक्षियों से बात करने का परामर्श देते हैं, जिन्होंने कुरुक्षेत्र के युद्ध

को प्रत्यक्ष रूप से देखा था। वे पक्षी उन्हें वह जानकारी दे सकते थे, जो व्यास को भी ज्ञात नहीं थी।

कुरुक्षेत्र के युद्ध के दौरान एक तीर युद्धभूमि के ऊपर उड़ते हुए एक मादा पक्षी को लगा था, जिससे उसका गर्भाशय फट गया था। उसमें से चार अंडे कुरुक्षेत्र की युद्धभूमि पर गिरे थे, लेकिन युद्धभूमि रक्त से सराबोर होने के कारण नम थी, जिसके कारण ये अंडे नहीं फूटे। युद्ध में शामिल किसी हाथी का घंटा इन चारों अंडों के ऊपर आ गया, जिसके नीचे ये अंडे सुरक्षित रहे और उसकी गरमाहट में इन चारों पक्षियों का जन्म हुआ था। इन पक्षियों ने *महाभारत* युद्ध में हुए सभी वार्तालापों और विचारों को सुना था। बाद में, वे युधिष्ठिर के घोड़े के साथ दुनिया भर में घूमे तथा कई रोमांचक घटनाओं के साक्षी बने।

41

दोनों महाकाव्यों में पिता-पुत्र के मध्य हुए संघर्ष का वर्णन है

दोनों महाकाव्यों, *रामायण* और *महाभारत* में अश्वमेध यज्ञ के दौरान पिता और पुत्र के मध्य हुए संघर्ष का वर्णन मिलता है।

रामायण में, राम के शाही घोड़े को दो बालक–लव और कुश–पकड़ लेते हैं और राम की सेना को चुनौती देते हैं। दोनों बालक राम के सैनिकों

के साथ-साथ उनके भाइयों को भी युद्ध में हरा देते हैं। यहाँ तक कि वे हनुमान को भी बंदी बना लेते हैं। अंत में, राम अपना धनुष उठाते हैं और उन दोनों बालकों पर बाण चलाने ही वाले होते हैं, कि सीता हस्तक्षेप करते हुए राम को सूचित करती हैं कि ये दोनों बालक कोई और नहीं बल्कि उनके ही पुत्र हैं। राम की सेना को हराकर और उनके घोड़े को अपने कब्जे में लेकर राम के पुत्र उनकी सत्ता को चुनौती देते हैं। अपने ही पुत्रों द्वारा राम की पराजय को सीता की विजय के रूप में भी देखा जाता है, जिन्हें उनके चरित्र पर लाँछन लगाती हुई एक गप के कारण गलत तरीके से अयोध्या से निर्वासित किया गया था।

ऐसी ही एक कहानी *महाभारत* में मिलती है। युधिष्ठिर के अश्वमेध यज्ञ के दौरान, उनके घोड़े को मणिपुर के राजा बब्रूवाहन द्वारा पकड़ लिया गया था। अर्जुन और बब्रूवाहन के मध्य युद्ध होता है, जिसमें अर्जुन मारे जाते हैं। अपनी भयभीत माँ से बब्रूवाहन को यह ज्ञात होता है कि अर्जुन ही उसके पिता थे। *रामायण* में भी लव और कुश की अपने पिता से कभी मुलाकात नहीं हुई थी। बब्रूवाहन को यह भी ज्ञात होता है कि जिस स्त्री ने उसे धनुर्विद्या का प्रशिक्षण दिया था, वह अर्जुन की पत्नियों में से एक 'उलूपी' थी, जिसने इस तरीके से अर्जुन से अपनी उपेक्षा का प्रतिशोध लिया था।

उलूपी अपने पुत्र इरावन की मृत्यु के लिए अर्जुन को दोषी ठहराती है, जिन्होंने उसे कुरुक्षेत्र के युद्ध में भाग लेने के लिए जोर डाला था। इसलिए, वह अर्जुन की एक अन्य पत्नी चित्रांगदा से मित्रता करती है, और बब्रूवाहन को युद्धकला में प्रशिक्षित करती है, ताकि वह महान धनुर्धर अर्जुन को हरा सके। लेकिन बाद में पश्चाताप के कारण वह नाग-मणि, नागों का एक ऐसा आभूषण जिसके द्वारा घायल व्यक्ति का उपचार किया जा सकता है, की सहायता से अर्जुन को पुनर्जीवित करने का निर्णय लेती है। अर्जुन फिर से जीवित हो जाते हैं और उनका बब्रूवाहन के साथ पुनर्मिलन होता है।

ये दोनों कहानियाँ असामान्य हैं। परंपरागत रूप से भारतीय कहानियों में, पिता की इच्छा के समक्ष पुत्र नतमस्तक होता है। यह युवा पीढ़ी पर पुरानी पीढ़ी की विजय का प्रतीक है। लेकिन इन कहानियों में पुत्र अपने

पिता पर विजय हासिल करते हैं, विशेषकर जबकि उन्हें उनका वास्तविक परिचय ज्ञात नहीं होता है। इस प्रकार, अज्ञात या अपरिचित पिता को अपने पुत्रों की शत्रुता का सामना करना पड़ता है। दोनों कहानियों में, एकल माँ (सीता/चित्रांगदा-उलूपी) उनके पिताओं (राम/अर्जुन) द्वारा परित्यक्त पुत्रों (लव-कुश/बभ्रूवाहन) का लालन-पालन करती हैं।

42

दोनों महाकाव्य अपनी समाप्ति के बाद भी निरंतर अस्तित्व में रहते हैं

मध्ययुगीन लोक गाथाओं में, इस्लाम के साथ संघर्षरत राजपूतों, योद्धाओं और उनकी वीर पत्नियों की अधूरी इच्छाएँ एक ऐसे बीज के रूप में कार्य करती हैं, जो बेहद स्थानीय लोक साहित्य के पात्रों और कथानकों में अंकुरित होते हैं। ऐसे कई लोक महाकाव्य और उनके विभिन्न संस्करण हैं, जो अधिकाँश मौखिक रूप में हैं। इनमें से 'मानक' संस्करण को खोज पाना मुश्किल है। यह भी कहा जा सकता है कि चारणों ने स्थानीय कहानियों को प्राय: *रामायण* और *महाभारत* से जोड़ा ताकि वे किसी बृहत कथा का एक अंश लगें।

रामायण के पात्र राजस्थानी लोकगाथा 'पाबूजी' में पुन: नजर आते हैं। दधल राठौर का एक पुत्र और एक पुत्री थी जिनके नाम बारो और

पेमा थे। उसे एक अप्सरा से प्रेम हो जाता है जिसके फलस्वरूप उसे पाबू (लक्ष्मण) नामक एक और शक्तिशाली पुत्र प्राप्त होता है। बारो को अपने पिता की भूमि और गाएँ उत्तराधिकार में मिलती हैं, जबकि पाबू को उत्तराधिकार में कुछ भी प्राप्त नहीं होता है। पाबू को इस वचन पर देवी देवल (सीता) से एक जादुई उड़न घोड़ा प्राप्त होता है कि वह हमेशा उनकी गायों की रक्षा करेगा। जिंध्रव खिंचि (रावण), बारो और देवल की गाएँ प्राप्त करना चाहता है, लेकिन उसकी बेटी फूलवती (सूर्पणखा), पाबू से विवाह करना चाहती है। जिस समय विवाह की रस्में चल रही होती हैं, जिंध्रव अपनी इच्छा को पूरी करने के लिए गायों को चुराने की कोशिश करता है, लेकिन देवी देवल, पाबू को उसके वचन का स्मरण कराती हैं। अपने वचन का पालन करने के लिए विवश पाबू, जिंध्रव से लड़ने के लिए अपने विवाह को बीच में ही छोड़ देता है। इस युद्ध में पाबू, जिंध्रव के हाथों मारा जाता है। अर्ध-विवाहित फूलवती को यह समझ में आ जाता है कि भले ही तकनीकी रूप से वह पाबू की पत्नी है, लेकिन पाबू उसका पति नहीं है। इस प्रकार, पाबू (लक्ष्मण) से विवाह करने की सूर्पणखा की इच्छा पूरी हो जाती है और साथ ही ब्रह्मचारी रहने की लक्ष्मण की इच्छा भी पूरी हो जाती है। बारो का पुत्र रूप, जिंध्रव को मारकर पाबू की मृत्यु का प्रतिशोध लेता है, लेकिन वह गुरु गोरखनाथ का शिष्य बनने के लिए राजगद्दी का त्याग कर देता है।

महाभारत के पात्र आल्हा खंड नामक मध्य भारतीय (दिल्ली, पूर्वोत्तर मध्य प्रदेश, दक्षिण-पश्चिमी उत्तर प्रदेश) महाकाव्य में भी नजर आते हैं। पांडव सच्चे क्षत्रियों की तरह युद्ध में वीरगति प्राप्त करना चाहते थे, इसलिए वे आल्हा (युधिष्ठिर), ऊदल (भीम), मलखान (नकुल) और सुलखान (सहदेव) के रूप में पुनर्जन्म लेते हैं, जो महोबा के राजा के राज्य में अपनी सेवाएँ देते हैं। इन चारों योद्धाओं को प्रायः 'निचली' जाति का बताया जाता है, क्योंकि उनकी माताएँ भैंस चराने वाले गड़रिया समुदाय की थीं। इन योद्धाओं को उनके पिता के एक मुस्लिम योद्धा मित्र और काशी के एक सैय्यद मीरा तल्हान (कर्ण) द्वारा युद्ध कौशल का प्रशिक्षण दिया जाता है। वे महोबा के राजकुमार, ब्रह्म (अर्जुन) के नजदीकी मित्र

हैं। वे सभी कई साहसिक यात्राओं पर एक साथ जाते हैं, जिसके कारण दिल्ली की राजकुमारी बेला (द्रौपदी) उनकी प्रशंसा करती है। उनके साहसिक कारनामों को सुनकर बेला के पिता पृथ्वीराज (दुर्योधन) को उनसे ईर्ष्या होती है, क्योंकि उनका साला माहिल (शकुनि) और उनका सेनापति चौनरा (द्रोण) उनके कान भर देते हैं। आल्हा के रणकौशल से प्रभावित होकर, पृथ्वीराज अपनी पुत्री बेला का विवाह उससे करने का प्रस्ताव देते हैं, लेकिन आल्हा अपनी निचली जाति का हवाला देते हुए कहता है कि राजकुमारी बेला का विवाह महोबा के राजकुमार ब्रह्मा के साथ होना चाहिए। लेकिन पृथ्वीराज अपनी पुत्री का विवाह महोबा करने के इच्छुक नहीं थे, क्योंकि महोबा साम्राज्य के साथ उनकी पुरानी शत्रुता थी। सिलसिलेवार घटनाओं के परिणामस्वरूप ब्रह्मा और आल्हा के भाइयों की मृत्यु हो जाती है। आल्हा उनकी मृत्यु का प्रतिशोध लेता है, लेकिन अंतत: वैरागी होकर गुरु गोरखनाथ का शिष्य बन जाता है। वह क्षमा की शक्ति को सीखता है और अपनी शक्ति का उपयोग करते हुए पृथ्वीराज को पुन: उठ खड़े होने में सहायता करता है, जिसे मुहम्मद गौरी के हमले से भारत की रक्षा करनी है।

दोनों ही कहानियों में, हम पाते हैं कि पिता अपनी पुत्रियों का विवाह अनुपयुक्त वर से करने के प्रति अनिच्छुक हैं। दोनों कहानियों में हमें जाति, भूमि, मवेशी, आभूषणों और करों इत्यादि पर विवाद देखने को मिलते हैं। दोनों कहानियों में, हमें वैराग के माध्यम प्राप्त हुए ज्ञान और क्षमा के महत्व की जानकारी प्राप्त होती है, जिसकी प्रतिमूर्ति नाथ-संप्रदाय के गुरु गोरखनाथ थे, जो दसवीं शताब्दी के आसपास के भारत के ग्रामीण अंचलों में बहुत लोकप्रिय हो गए थे। नाथ-योगी, दत्त के उपासक थे, जो कि गुरुओं के गुरु माने जाते थे, जिन्होंने हिंदू त्रिमूर्ति ब्रह्मा, विष्णु और शिव को एकरूप कर दिया था। उन्होंने त्याग, ब्रह्मचर्य, और जादुई शक्तियों (सिद्धि) का महिमामंडन किया, जो तभी हासिल होती हैं जब कोई व्यक्ति, स्त्रियों सहित समस्त सांसारिक वस्तुओं का परित्याग कर दे।

7
पुनर्पाठ

इसमें हम यह पता लगाएँगे कि कैसे इन दोनों महाकाव्यों को बौद्ध और जैन साहित्य में संस्कृत नाटककारों द्वारा एवं मध्यकाल व आधुनिक काल के दौरान दक्षिण-पूर्व एशिया के क्षेत्रीय लेखकों द्वारा पुन: प्रस्तुत किया गया।

43

दोनों महाकाव्यों में बौद्ध पुनर्पाठ है।

बुद्ध के अनुयायियों का ऐसा मानना था कि शाक्य वंश में सिद्धार्थ नामक एक राजकुमार पूर्व जन्मों के कर्मों के कारण बुद्ध बना। बौद्ध भिक्षुओं द्वारा सुनाई गयीं उनके शानदार अतीत की कहानियाँ 'जातक कथाओं' के रूप में संकलित की गईं हैं। इन कथाओं के कुछ हिस्सों में हमें ऐसे बौद्ध पुनर्पाठ देखने को मिलते हैं, जिन्हें हिंदू *रामायण* और *महाभारत* के नाम से जानते हैं।

दशरथ जातक में, वाराणसी के राजा दशरथ को यह भय सताता है कि उनकी कनिष्ठ और महत्वाकांक्षी रानी उनके ज्येष्ठ पुत्र राम-पंडित को किसी न किसी तरह की हानि पहुँचाएगी। वे ज्योतिषियों से परामर्श लेते हैं, जो उन्हें यह बताते हैं कि वह बारह वर्ष तक जीवित रहेगा। इसलिए, वे राम को वन में जाकर रहने और बारह वर्ष बाद वापस आने के लिए कहते हैं, जहाँ वे कनिष्ठ रानी के छल-प्रपंच से सुरक्षित रहेंगे। राम वैसा ही करते हैं, जैसा उनसे कहा जाता है। लेकिन नियति को कुछ और ही मंजूर था, नौंवे वर्ष राम के वियोग में दशरथ की मृत्यु हो जाती है, और भरत, राम को वापस लाने के लिए वन में जाते हैं। राम कहते हैं कि 'मैंने

अपने पिता से यह वादा किया था कि मैं बारह वर्ष तक वन में रहूँगा, अत: मैं पहले नहीं लौट सकता।' भरत, राम की चरण पादुकाएँ लेकर लौट आते हैं और उन्हें सिंहासन पर रखकर राम के अयोध्या लौटने तक उनके प्रतिनिधि के रूप में शासन करते हैं। इस कहानी में, राम को सत्यनिष्ठ और दृढ़ निश्चयी के रूप में दर्शाया गया है, क्योंकि वे अपने पिता की मृत्यु का समाचार सुनकर भी अडिग रहते हैं। ऐसा इसलिए है क्योंकि वे बोधिसत्व हैं और यह बात अच्छी तरह से जानते हैं कि उनके पिता सहित इस दुनिया की सभी चीजें क्षणभंगुर और अस्थाई हैं।

घाट जातक में, वासुदेव के छोटे भाई घाट-देव हैं, जो कि बौद्ध कृष्ण हैं। वासुदेव और उनके नौ भाइयों का जन्म देवीभग्गा और उपसागर से हुआ है। जन्म के समय, वे देवभग्गा की दासी, नंदगोपा की दस बेटियों से आपस में बदल जाते हैं। ये सभी दस भाई राजकुमारों के रूप में नहीं, बल्कि सेवकों के रूप में बड़े होते हैं। उनकी द्वंद्व युद्ध में विशेष रुचि होती है और नगर के निवासी उनसे डरते हैं क्योंकि वे धोबी के कपड़े और फूल बेचने वाले की माला छीन लिया करते हैं। शाही पहलवानों चनूरा और मुस्टिका सहित वे अन्य सभी को द्वंद्व युद्ध में हरा देते हैं, और अंत में वे कंस को द्वंद्व युद्ध की चुनौती देते हैं। वासुदेव एक चक्र द्वारा अपने ही मामा का वध कर देते हैं और इस तरह वे एक भविष्यवाणी को सच साबित करते हैं। सभी दस भाई पूरी दुनिया पर विजय प्राप्त करते हैं और वे तैरते हुए रहस्यमय नगर द्वारावती पर भी कब्जा कर लेते हैं। फिर, एक दिन, वासुदेव के पुत्र की मृत्यु हो जाती है। वासुदेव अपने पुत्र के शव पर बैठ जाते हैं, और उठने से मना कर देते हैं। ऐसे में उनके छोटे भाई, घाट-देव हस्तक्षेप करते हैं और उनसे चंद्रमा से खरगोश लाने को कहते हैं। वासुदेव, घाट-देव से कहते हैं कि उनकी चाह बेतुकी है। घाट-देव उत्तर देते हैं कि 'मृत पुत्र को वापस लाने की जिद के आगे मेरी चाह उतनी बेतुकी नहीं है। वासुदेव को सद्बुद्धि आती है और वे अपने पुत्र की मृत्यु को स्वीकार कर लेते हैं। बाद में, उनके कबीले के सदस्य एक दूसरे को शराब के नशे में मार डालते हैं। उनका भाई बलदेव, एक राक्षस के हाथों मारा जाता है, और एक पहलवान के रूप में पुनर्जन्म लेता है, तथा पुन:

जरा नामक शिकारी के हाथों मारा जाता है।

बौद्ध पुनर्पाठ में, कृष्ण, राम की तरह सज्जन, परिष्कृत और वैभवपूर्ण नहीं हैं। वे ग्रामीण और हिंसक हैं। इस कहानी में पांडवों का कोई उल्लेख नहीं है। यह ध्यान में रखना दिलचस्प है कि भारत में कई बौद्ध गुफाएँ, जो लगभग 2,000 वर्ष पूर्व बनाई गई थीं, को प्राय: स्थानीय लोग वनवास के दौरान पांडवों द्वारा निर्मित गुफाएँ बताते हैं। नासिक, महाराष्ट्र स्थित पांडवलेनी, पंचमढ़ी, मध्य प्रदेश; और रिवोना गुफाएं, गोवा के बारे में ऐसा ही प्रचलित है। मुंबई के पास भजा नामक स्थान पर स्थित 2,200 वर्ष पुरानी बौद्ध गुफा में ही सबसे पहली बार हमें एक रथ पर सवार सूर्य की प्रतिमा और हाथी पर सवार इंद्र की प्रतिमा मिली है।

44

दोनों महाकाव्यों में जैन पुनर्पाठ है

बौद्धों की ही तरह, जैनों ने भी वैदिक अनुष्ठानों को अस्वीकार कर दिया। बौद्धों की ही तरह, जैनों ने भी एक ऐसे परमात्मा के विचार को खारिज कर दिया, जो इस दुनिया का सृजनकर्ता है और हमारे भाग्य को निर्धारित करता है। हालाँकि, बौद्धों के विपरीत, जैन एक स्थायी आत्मा (जीव) में विश्वास करते हैं, जो कर्म के कारण भौतिक जगत से जुड़ी रहती है। उनका मानना है कि तपश्चर्या और शुद्ध कर्म शरीर को जीवनमरण से मुक्ति दिला सकते हैं, जिसके फलस्वरूप आत्मा हमेशा के लिए स्वर्ग

जाकर ज्ञान और मोक्ष प्राप्त कर सकती है।

इसके अलावा, बौद्धों के विपरीत, जैन धर्म का कोई एक प्रवर्तक नहीं था। उन्होंने 24 महान ऋषियों–तीर्थंकरों-की अनंतता (सनातन) में विश्वास किया, जो इस दुनिया के प्रत्येक अनंत चक्र में दिखाई देते हैं, और जिनकी न कोई शुरुआत (अनादि) है और न ही कोई अंत (अनंत) है। तीर्थंकरों के अलावा, प्रत्येक युग में 12 महान चक्रवर्ती सम्राट, और 9 अहिंसक नायक (बलदेव) हुए हैं, जिनके हिंसक भाई वासुदेव, खलनायकों या प्रति-वासुदेव से लड़ते हैं। जैनों के अनुसार, राम अहिंसक बलदेव थे और कृष्ण एक हिंसक वासुदेव थे। यह बात *रामायण* और *महाभारत* को हिंदू आस्था की ही तरह जैन आस्था का एक अभिन्न अंग बनाती है।

रामायण का पवित्र शहर अयोध्या, जिसे साकेत के नाम से भी जाना जाता है, जैनों के लिए एक महत्वपूर्ण शहर है। यह वर्तमान चक्र के पाँच तीर्थंकरों की जन्मभूमि है–पहले ऋषभनाथ; दूसरे अजीतनाथ; चौथे अभिनंदननाथ; पाँचवे सुमतिनाथ; और चौदहवें अनंतनाथ। 24 तीर्थंकरों में से 22 तीर्थंकर इक्ष्वाकु वंश के हैं, जो राम का वंश है। अजीतनाथ के पुत्र सागर, एक चक्रवर्ती राजा और राम के पूर्वज थे। विमलसूरि, गुणभद्र और संघदास जैन *रामायण* के लेखक हैं। जैन संस्करण हिंदू *रामायण* संस्करणों से कई मायनों में भिन्न हैं। इनमें से कुछ भिन्नताएँ निम्नवत हैं:

- *रामायण* को प्रायः *पउमचरित* या 'पद्म की कथा' भी कहा जाता है। जैन ग्रंथों में राम का यही नाम है।
- दशरथ किसी समय वाराणसी के राजा थे और बाद में साकेत (अयोध्या) चले गए।
- कुछ संस्करणों के अनुसार, सीता, रावण और मंदोदरी की पुत्री हैं, जिनका लालन-पालन राजा जनक ने किया था। अन्य संस्करणों में, सीता का भामंडल नामक एक जुड़वाँ भाई भी था, जिसका शैशवावस्था में ही अपहरण कर लिया गया था, और उसका लालन-पालन राजा बनने के लिए होता है। युवावस्था में जब वह सीता से मिलता है, तो उनसे प्रेम करने लगता है, तथा सीता का

- अपहरण करने का प्रयास करता है। जब उसे यह पता चलता है कि सीता उसकी बहिन है, तो वह संन्यास लेकर साधु बन जाता है।
- राम इसलिए वनवास हेतु चले गए थे, क्योंकि उन्हें कैकेयी पर दया आ जाती है, जिनका पुत्र भिक्षु बनना चाहता है। राम के महल छोड़ देने के बाद भरत को शहर में रुकने तथा राज्य और माँ की देखभाल करने के लिए मजबूर होना पड़ता है।
- रावण एक विद्याधर है और उसके दस सिर नहीं हैं। उसके पास नौ मोतियों वाला एक हार है, जिससे उसके सिर का नौ बार प्रतिबिंब दिखता है। जिससे ऐसा भ्रम होता है कि उसके दस सिर हैं।
- वानर, कोई बंदर प्रजाति नहीं है, बल्कि ऐसी जनजातियाँ हैं, जिनके झंडों पर बंदर का चित्र अंकित रहता है।
- रावण बीसवें जैन तीर्थंकर मुनिसुव्रत का भक्त है।
- रावण का वध लक्ष्मण ने किया था, क्योंकि राम अहिंसा का पालन करते हैं। इस कृत्य के लिए, उन्हें लंबे समय के लिए नरक में डाल दिया जाता है।
- जब सीता अपनी पवित्रता साबित करने के लिए अग्नि में प्रवेश करती हैं, तो अग्नि एक झील में बदल जाती है और वह जैन आर्यिका बन जाती हैं।
- रावण भविष्य में तीर्थंकर के रूप में पुनर्जन्म लेगा। उस भावी जीवन में सीता उनकी गणधर या मुख्य शिष्या के रूप में जन्म लेंगी।

महाभारत के जैन संस्करण, जैसे जिनसेन रचित *हरिवंश*, में पांडवों पर कम तथा कृष्ण और जरासंध के बीच के संग्राम पर अधिक ध्यान केंद्रित किया गया है।

- कृष्ण के पिता, वासुदेव, बेहद सुदर्शन व्यक्ति हैं। *वासुदेव हिंदी* नामक महाकाव्य की गाथाओं में उनके भ्रमणों और कामुक संपर्कों की कहानियों का वर्णन है।
- कृष्ण की माँ, देवकी, आठ पुत्रों को जन्म देती हैं। उनके पहले छह पुत्र एक व्यापारी की पत्नी की हाल ही में जन्मी मृत संतानों

के साथ बदल जाते हैं। कृष्ण के छह भाई अंतत: जैन भिक्षु बन जाते हैं। सातवें और आठवें पुत्र को चरवाहा परिवारों में भेज दिया जाता है और उनका लालन-पालन एक चरवाहे के रूप में होता है।

- कृष्ण के चचेरे भाई नेमिनाथ, जैन धर्म के तेईसवें तीर्थंकर हैं, जो इसलिए मुनि बन जाते हैं, क्योंकि वे अपने विवाह की दावत हेतु लाए गए जानवरों की मर्मांतक आवाज को सहन नहीं कर पाते हैं।

- अपने पिछले जीवन में, पांडव पाँच भाई थे और उन्होंने तीसरे भाई की पत्नी को एक जैन मुनि को जहर देने से नहीं रोका था; इसी वजह से जुए के आदी भाइयों के रूप में उनका पुनर्जन्म हुआ। तीसरे भाई की पत्नी का पुनर्जन्म द्रौपदी के रूप में हुआ।

- द्रौपदी का केवल एक पति है–अर्जुन। वह युधिष्ठिर और भीम, जोकि अर्जुन से बड़े हैं, को अपने पिता और नकुल और सहदेव, जोकि अर्जुन से छोटे हैं, को अपने पुत्र के रूप में मानती है। वह जो माला अर्जुन को पहनाती है, वह टूट जाती है और उसके कुछ फूल बाकी चार भाइयों पर गिरते हैं, जिसके कारण यह चर्चा होने लगती है कि वह पाँचों भाइयों की साझा पत्नी है।

- पांडव जुए में कौरवों से अपना राज्य हार जाते हैं और समझौते के तहत उन्हें बारह वर्ष का वनवास और एक वर्ष का अज्ञातवास राजा विराट के महल में सेवकों के रूप में बिताना पड़ता है। कीचक, जो द्रौपदी के साथ दुराचार करने की कोशिश करता है, उसे भीम द्वारा दंडित किया जाता है, लेकिन वह उसे मारता नहीं है। कीचक एक जैन साधु बन जाता है और अंतत: उसकी मुक्ति होती है।

- पाँचों पांडव कृष्ण के पास कौरवों के विरुद्ध सहायता माँगने के लिए आते हैं, क्योंकि कौरवों ने उनके विरुद्ध युद्ध की घोषणा कर दी है। कृष्ण उन्हें इस शर्त पर मदद करने का आश्वासन देते हैं कि पांडव, जरासंध से लड़ने में उनकी मदद करेंगे।

- जरासंध और कौरवों के खिलाफ युद्ध के दौरान, जरासंध, कृष्ण पर एक चक्र फेंकता है, लेकिन बीच में नेमिनाथ खड़े होते हैं। जिससे यह पहिया दोनों चचेरे भाइयों के इर्दगिर्द घूम कर अंतत:

कृष्ण की उंगली पर स्थिर हो जाता है। तब कृष्ण, इस चक्र से जरासंध का वध करते हैं।

- इतने खूनखराबे के कारण कृष्ण नरक में जाते हैं, लेकिन अगले जन्म में वे तीर्थंकर के रूप में पैदा होते हैं। उनके भाई बलराम अहिंसा का पालन करते हैं।

- कौरवों के साथ युद्ध समाप्त होने के बाद पांडव जैन भिक्षु बन जाते हैं। जिस समय वे ध्यान में मग्न थे, दुर्योधन का पुत्र यवरोधन पांडवों के गले में गर्म लोहे की चेन डाल कर उनके शरीर को जला देता है। ध्यान की शक्ति के कारण वे अपने शरीर से इतने पृथक हो जाते हैं कि उन्हें किसी तरह का दर्द नहीं होता है; इसके बजाए, उनकी आत्माएँ स्वर्ग की ओर प्रस्थान करती हैं। कुछ संस्करणों के अनुसार, नकुल और सहदेव थोड़ा विचलित होते हैं, अत: उनको मोक्ष प्राप्ति के लिए एक और जन्म लेना पड़ता है।

- जरतकुमार नामक एक शिकारी गलती से कृष्ण को मार देता है। बलराम इस दुख में इतना विचलित हो जाते हैं कि कृष्ण के शव को ले जाने देने से इनकार कर देते हैं। फिर वे एक आदमी को चट्टान पर इस पानी सींचते हुए देखते हैं। उस आदमी को यह उम्मीद थी कि उस चट्टान पर कमल का फूल खिलेगा। यह देखकर उन्हें अपनी नासमझी का एहसास होता है, और वे कृष्ण के शरीर का अंतिम संस्कार करके मुनि बन जाते हैं।

- बलराम की सुंदरता को निहारकर एक महिला इतनी सम्मोहित हो जाती है कि अपने बर्तन के चारों ओर रस्सी बाँधने के बजाए, वह अपने बेटे के गले में बाँधने लगती है। बलराम की कठोर तपस्या से एक राजा इतना भयभीत हो जाता है कि वह अपने सैनिकों को उसे मारने के लिए भेजता है, लेकिन शेर उनकी रक्षा करते हैं–इसीलिए बलराम को नरसिंह के नाम से भी जाना जाता है।

- कंस, कृष्ण की बहन, एकनासा को जान से नहीं मारता है, बल्कि उसकी नाक तोड़ देता है ताकि वह सदैव अविवाहिता बनी रहे और ऐसे किसी व्यक्ति से विवाह न कर पाए, जिससे उसकी

सत्ता को खतरा हो। बलराम के पुत्रों द्वारा उपहास उड़ाने के बाद एकनासा जैन आर्यिका बन जाती है। जंगल में, कुछ शिकारी उसे ध्यान में मग्न देखते हैं और उसकी सुंदरता पर मोहित हो जाते हैं। उन्हें लगता है कि वह कोई देवी है। वे उसके फल और फूल अर्पित करते हैं। जब वे लौट रहे होते हैं तो उन्हें रक्त का एक तालाब मिलता है। शिकारियों को इस बात की जानकारी नहीं हो पाती कि एक शेर एकनासा पर हमला करके उसे मार देता है। शेर के काटने से होने वाले दर्द को वह निर्लिप्त भाव से सहन करती है, क्योंकि तब तक वह अपने शरीर के बंधनों से मुक्त हो चुकी थी। शिकारी ऐसा अनुमान करते हैं कि देवी को फल और फूलों के बजाए जानवरों का मांस खाना ज्यादा पसंद है, और इसलिए वे उनकी पूजा रक्त-पान करने वाली और शेर की सवारी करने वाली उग्र देवी 'दुर्गा' के रूप में करना शुरू कर देते हैं।

45

दोनों महाकाव्यों पर आधारित
संस्कृत नाटक लिखे गए हैं

एक लंबी अवधि तक, संस्कृत को देवताओं की भाषा कहा जाता था, जो मुख्य रूप से केवल ब्राह्मणों को ज्ञात थी। वे इसका उपयोग ऋचाओं की रचना, अनुष्ठानों के विवरण और तत्वमीमांसा हेतु किया करते थे। हालाँकि,

कालांतर में संस्कृत राजाओं की भाषा बन गई। 300 ईस्वी से 1300 ईस्वी तक एक हजार वर्ष की अवधि में यह न केवल दक्षिण एशिया में, बल्कि दक्षिण पूर्व एशिया में वियतनाम और कंबोडिया तक दरबार की भाषा भी रही। फारस और मध्य एशिया से इस्लाम के आगमन के बाद फारसी राज-काज की भाषा बन गई। अंतत: 200 वर्ष पूर्व भारतीय उपमहाद्वीप पर अंग्रेजों के कब्जे के बाद अंग्रेजी भाषा ने फारसी की जगह ले ली।

जिस काल में संस्कृत राजघरानों की भाषा थी, उस काल में भास (300 ईस्वी), कालीदास (500 ईस्वी), भवभूति (700 ईस्वी) जैसे नाटककारों ने *रामायण* और *महाभारत* के कथानकों पर आधारित कई नाटकों की रचना की। इन पुनर्पाठों में दिव्यता के स्थान पर राजपरिवारों की साजिशों को अधिक महत्व दिया गया है। राम एक सज्जन और कुलीन राजा हैं। कृष्ण एक चतुर राजनेता हैं। इनमें से कोई भी पृथ्वी पर ईश्वर नहीं है।

इन नाटकों में, पहली बार हमें ऐसी कहानियाँ देखने को मिलती हैं, जिनमें कहानीकार एक वकील की तरह एक दृष्टिकोण प्रस्तुत करता है और लोगों पर की गई कार्रवाई को सही ठहराता है। उदाहरण के लिए, भास के प्रतिमा नाटक में, कैकेयी के कार्यों को उचित ठहराया गया है, जबकि भास के उरुभंगम में, दुर्योधन को एक महान राजा के रूप में प्रस्तुत किया गया है, जिसे अपने कार्यों पर पश्चाताप है।

भवभूति की *महावीरचरित्र* (एक महान चरित्र की कथा) नामक रचना में, हमें कई अभिनव कथानक देखने को मिलते हैं, जैसे कि विवाह पूर्व राम और सीता की विश्वामित्र के आश्रम में मुलाकात, अथवा रावण के मंत्री, मालवण द्वारा कौटिल्य के *अर्थशास्त्र* का उद्धरण देना तथा ऐसी विभिन्न युक्तियों का इस्तेमाल करना जिससे परशुराम और बाली, राम से युद्ध करें। अंतत: बाली एक न्यायोचित युद्ध में मारा जाता है, और वह राम को सुग्रीव की मदद लेने का परामर्श देता है। भवभूति की *उत्तरराम-चरित* (राम का बाद का जीव) नामक रचना में, हमें एक और अभिनव कथानक देखने को मिलता है—सीता के पिता जनक और राम की माता कौशल्या की वाल्मीकि के आश्रम में बातचीत होती है, जबकि शाही घोड़े को रोक लेने के कारण लव और कुश राम के साथ युद्ध करते हैं। चौदहवीं शताब्दी में लिखी गई

भास्कर की उन्मत्त राघव (प्रेमासक्त राम) में सीता दुर्घटनावश एक उपवन में भटककर एक हिरन के रूप में परिवर्तित हो जाती है। उन्हें खोज पाने में असमर्थ राम व्याकुल हो उठते हैं। तब अगस्त्य ऋषि उन्हें दुर्वासा ऋषि के उस श्राप के बारे में बताते हैं जिसके कारण सीता, हिरन बन गई हैं।

भास के *पंचरात्रम* (पाँच रातें) में द्रोण पांडवों और कौरवों के बीच मध्यस्थता करने की कोशिश करते हैं। वे एक अनुष्ठान के एवज में पांडवों के लिए दुर्योधन से उसकी भूमि का आधा हिस्सा माँग लेते हैं। दुर्योधन भूमि दान में देने के लिए सहमत हो जाता है, बशर्ते द्रोण, पाँच रातों में पांडवों के ठिकाने का पता लगा लें। इसीलिए नाटक का शीर्षक *पंचरात्रम* है। भास के *दूतवाक्यम* में, कृष्ण के अस्त्र–शस्त्र-नंदक तलवार और सुदर्शन चक्र-पात्रों के रूप में दिखाई देते हैं।

लगभग उसी समय भवभूति भट्टनारायण ने *वेणीसंहारम* (द्रौपदी के बाल गूँथना) नामक नाटक की रचना की, जो क्रोध और हिंसा पर केंद्रित है, तथा उसमें यह वर्णन किया गया कि कैसे भीम, द्रौपदी के बालों को कौरव के रक्त से धोने के बाद गूँथते हैं। इसमें कृष्ण की कोई भूमिका नहीं है। नाटक की कथावस्तु में वीरता (वीर रस), क्रोध (रौद्र रस), घृणा (वीभत्स रस) और प्रेम (शृंगार रस) जैसी भावनाएँ तो दृष्टिगोचर होती हैं, लेकिन परमात्मा की आराधना (भक्ति) कहीं देखने को नहीं मिलती।

रामायण पर आधारित भास के नाटक	महाभारत पर आधारित भास के नाटक
प्रतिमा-नाटक	*पंचरात्रम*
यज्ञ फलम्	*मध्यमा-व्यायोग*
अभिषेक-नाटक	*दूत घटोत्कच*
	दूतवाक्यम
	उरुभंगम
	कर्णभारम
	हरिवंश अथवा बाल चरित

46

दोनों महाकाव्य भारत की भौगोलिक सीमा के पार गए हैं

पंद्रहवीं शताब्दी में, अयुत्या नामक एक शहर थाईलैंड की राजधानी था, जिसका तात्पर्य स्थानीय भाषा में अयोध्या है। जब अठारहवीं शताब्दी में बर्मा के सैनिकों ने इस शहर को तहन-नहस किया तो एक नए राजा का उदय हुआ। उन्होंने स्वयं को 'राम'। कहा। उन्होंने उस शहर की स्थापना की, जिसे आज हम बैंकॉक के रूप में जानते हैं। उसने *रामकिएन* नामक महाकाव्य लिखा, जो कि स्थानीय भाषा में *रामायण* का एक संस्करण है। इसे राष्ट्रीय महाकाव्य का दर्जा दिया गया, तथा इसकी कहानियों पर आधारित भित्ति चित्र शाही परिवार द्वारा संरक्षित एमराल्ड बुद्ध मंदिर की दीवारों पर बनाए गए। यद्यपि वह बौद्ध धर्म का अनुयायी था, लेकिन उसने अपनी पहचान को पौराणिक नायक राम के साथ जोड़ा।

उन दिनों, बौद्ध धर्म और हिंदू धर्म के बीच की खाई उतनी गहरी नहीं थी, जितनी आज है। राम, दक्षिण एशिया के बौद्धों के लिए उतने ही पूजनीय नायक थे, जितने दक्षिण एशिया के हिंदुओं के लिए। जल्द ही, वे स्थानीय राजाओं के लिए आदर्श बन गए। *रामायण* के माध्यम से राजाओं के शासन को वैध बनाने का उपक्रम लगभग एक हजार वर्ष पूर्व शुरू हुआ। बर्मा में मिले ग्यारहवीं शताब्दी के मोन भाषा के एक शिलालेख में, बगान वंश के राजा क्यानजित्थ ने यह घोषणा की कि अपने पिछले जीवन में वह अयोध्या के राजा राम के निकट के रिश्तेदार थे। बारहवीं शताब्दी में बने कंबोडिया के अंकोरवाट मंदिर के खंडहर में पचास मीटर लंबे गलियारे

में, शाही जुलूस के चित्रण के बगल में *रामायण* के खमेर पुनर्पाठ *रामाकेर* की कथाएँ उकेरी गई हैं। नोमपेन्ह के शाही महल की दीवारों पर *रामायण* पर आधारित भित्ति चित्र भी देखे जा सकते हैं।

जैसा कि दक्षिण पूर्व एशिया में लगभग हर देश के सांस्कृतिक संदर्भों से यह संकेत मिलता है, *महाभारत* की तुलना में *रामायण* स्पष्ट रूप से अधिक लोकप्रिय थी। यह राजसत्ता की वैधता स्थापित करने में इसकी भूमिका के कारण भी हो सकता है। दक्षिण पूर्व एशिया की रामायणों में कथानक संबंधी कई विविधताएँ हैं। उदाहरण के लिए, थाईलैंड में हनुमान एक नायक की तरह हैं, जो देखने में बंदर की तरह हैं और आक्रामक हैं। भारतीय मंदिरों में उनकी जो छवि पाई जाती है, उसकी तुलना में यहाँ उनकी शोभा कुछ कम है। धर्मपरायण भारतीय हिंदू को यह देखना बहुत विक्षुब्ध कर सकता है कि दक्षिणपूर्व एशियाई हनुमान एक शरारती अय्याश की तरह आचरण कर रहे हैं, जो रावण की बहन सूर्पणखा और उसकी पत्नी मंदोदरी सहित कई महिलाओं को मोहित करते हैं। सबसे ज्यादा प्रचलित कहानियों में से एक कहानी में यह वर्णन है कि हनुमान, रावण की मत्स्यावतार पुत्री सुवर्णमाचा, जो लंका तक पहुँचने के लिए वानरों द्वारा बनाए जा रहे पुल की चट्टानों को चुरा लेती है, का मन मोहकर उसका हृदय परिवर्तन कर देते हैं। एक अन्य कहानी में यह वर्णन है कि हनुमान, विभीषण की पुत्री बेनजकाया, जो राम को वापस भेजने के लिए सीता की लाश का रूप धारण कर लेती है, को चतुराई पूर्वक मात दे देते हैं। मलेशिया की *रामायण* के *हिकायत सेरी* नामक संस्करण में लक्ष्मण को निर्णायक मानते हुए अधिक महत्व दिया गया है और रावण के प्रति सहानुभूति व्यक्त की गई है, जबकि राम को दंभी के रूप में दर्शाया एवं दरकिनार किया गया है।

इंडोनेशिया शायद एकमात्र देश है, जहाँ *महाभारत* को अग्रणी महाकाव्य का दर्जा हासिल है। इसे इस द्वीप राष्ट्र के प्रसिद्ध वायांग छाया कठपुतली के एक अंश के रूप में कई स्थानीय विविधताओं के साथ पुनर्प्रस्तुत किया गया है। जावा के *काकाविन रामायण* में, कहानी का पहला भाग वाल्मीकि की *रामायण* की तरह ही है, लेकिन दूसरा भाग अधिक लोकप्रिय है, जो

रामायण बनाम महाभारत

कि स्थानीय हास्य नायक, कुरूप रक्षक देवता सेमर के साहसिक कारनामों और उनके तीन पुत्रों से संबंधित है । इंडोनेशिया के बाली, सुमात्रा और जावा द्वीपों में *महाभारत* को स्थानीय रूप से भारतयुद्ध नामक महत्वपूर्ण कृति के रूप में जाना जाता है। एक कथानक में तो कृष्ण और अर्जुन, राम और लक्ष्मण से मिलते हैं, और राम लंका तक पुल का निर्माण करने में अर्जुन की मदद लेते हैं। आधुनिक बाली हवाई अड्डे पर, हमें कर्ण के रथ के घोड़ों पर कूदते हुए घटोत्कच की एक भव्य छवि देखने को मिलती है।

ये महाकाव्य उड़िया और तमिल मूल के समुद्री व्यापारियों के साथ दक्षिण-पूर्व एशिया तक पहुँचे, जो कि मानसूनी हवाओं के साथ-साथ वार्षिक रूप से समुद्र यात्राएँ किया करते थे। उन्होंने सामानों के साथ-साथ कहानियों का भी आदान-प्रदान किया। ऐसा कहा जाता है कि रात के पहर में जहाज के लहराते हुए कपड़े को दीयों से रोशन किया जाता था, जिससे कथाकारों को लैदर शैडो कठपुतली थिएटर बनाने की प्रेरणा मिली। इससे यह पता चलता है कि आखिर क्यों भारत के कोरोमंडल समुद्री तटों और दक्षिण-पूर्व एशिया के अधिकाँश हिस्सों में छाया कठपुतली कला पनपती रही, उदाहरण के लिए, ओडिसा में रावण-छाया और इंडोनेशिया में वायांग।

लगभग एक हजार वर्ष पूर्व दक्षिण-पूर्व एशिया के देशों के साथ हमारा प्रत्यक्ष संपर्क बंद हो गया। इसी काल में भारत में बौद्ध धर्म समाप्त हो गया, और समुद्र यात्राएँ को वर्जित माना जाने लगा क्योंकि हिंदुओं को इस बात का डर था कि समुद्री यात्राएँ उन्हें प्रदूषित करेंगी और परिणामस्वरूप वे जाति से बाहर हो जाएँगे। बाद में अरब के व्यापारियों ने समुद्री यात्राएँ कीं और इस्लाम को दक्षिण पूर्व एशियाई भागों तक पहुँचाया। हम यह बात काफी यकीन से कह सकते हैं कि दक्षिण-पूर्व एशिया में पाई जाने वाली *रामायण* में भारतीय *रामायण* के विपरीत भक्ति भाव का अभाव पाया जाता है, जैसा कि पहली बार नौवीं शताब्दी में रचित तमिल कांबा *रामायण* से स्पष्ट होता है। दक्षिण पूर्व एशिया में पाई जाने वाली *रामायण* और *महाभारत* में नाटकीयता पर अधिक और दार्शनिकता पर कम जोर दिया गया है।

मलेशिया में, हमें *महाभारत* की कथा *हिकायत पांडव जय* के रूप

देखने को मिलती है, जो पांडवों और कौरवों के मध्य युद्ध पर केंद्रित है। कृष्ण की कहानी मलेशिया में *हिकायत संग संबा* के नाम से पाई जाती है, जिसमें कृष्ण, उनके पिता वासुदेव और उनके बेटे संबा की कथा का वर्णन है। कंबोडिया में अंकोरवाट के मंदिरों और इंडोनेशिया में प्रंबानन में कृष्ण द्वारा राक्षसों के वध की छवियाँ मिलती हैं। लेकिन इनमें कृष्ण का रूमानी ग्वाले वाला वह रूप देखने को नहीं मिलता, जो भारतीय भक्तिकालीन साहित्य की प्रमुख विशेषता है। यह इस बात की पुष्टि करता है कि दक्षिण पूर्व एशिया के देशों में हिंदू धर्म का प्रसार इस्लाम के भारत में आगमन के काल तक रुक गया था।

प्रारंभ में, बौद्ध धर्म ने दक्षिण-पूर्व एशिया में हिंदू धर्म का स्थान लिया। बाद में, इस्लाम ने बौद्ध धर्म का स्थान ले लिया, विशेष रूप से व्यापार मार्गों से मलेशिया और इंडोनेशिया जैसे द्वीपों में; बर्मा, कंबोडिया और थाईलैंड में इस्लाम का प्रसार तुलनात्मक रूप से कम हुआ। सोलहवीं शताब्दी तक, इन देशों में प्राचीन गाथाओं को संरक्षित रखना मुश्किल हो गया, क्योंकि पूर्व-इस्लामिक काल की सभी बातों को मौलवियों द्वारा जाहिल या अज्ञानता के रूप में देखा गया। और इसलिए, *रामायण* और *महाभारत* के मलेशियन पुनर्पाठों में, इस्लामिक प्रभाव के कारण हमें यह खंडन (डिस्क्लेमर) देखने को मिलता है कि सुनाई जा रही ये कथाएँ असत्य हैं।

	रामायण	**महाभारत**
इंडोनेशिया	*रामकवाका*	*भारतयुद्ध*
मलेशिया	*हिकायत सेरी राम*	*हिकायत पांडव जय*
कंबोडिया	*रामकियर*	
थाइलैंड	*रामाकिएन*	
लाओस	*फ्रा लक फ्रा लाम*	
बर्मा	*यमयान*	

47

दोनों महाकाव्यों के स्थानीय संस्करणों की रचना हुई है।

भारत में अधिकाँश लोग संस्कृत *रामायण* या *महाभारत* से परिचित नहीं हैं। हम क्षेत्रीय पुनार्पाठों पर आधारित लोकप्रिय संस्करणों को ही पढ़ते हैं, जो पहली बार 1,000 वर्ष पूर्व दृष्टिगोचर हुए थे। लगभग 500 वर्ष पूर्व वे व्यापक रूप से प्रचलित हो गए।

जैसा कि हमने पाया है, जटिल *महाभारत* की तुलना में सीधे सपाट कथानक वाली *रामायण* स्पष्ट रूप से अधिक लोकप्रिय थी। *रामायण* में वीरता, प्रेम और त्रासदी की अधिक गुंजाइश थी, जबकि *महाभारत* को इसलिए अशुभ माना गया क्योंकि इसकी कथावस्तु में संपत्ति का विभाजन और भाइयों की हत्या पर अधिक जोर था। कृष्ण-भक्ति के उभार के कारण लोगों ने *महाभारत* में कृष्ण की युवावस्था और मृत्यु के वर्णन के स्थान पर *भागवत* को सुनना अधिक पसंद किया, जिसमें कृष्ण के बचपन की कहानियाँ थीं। भक्ति के सिद्धांत को प्रतिपादित करते इन महाकाव्यों के अनुवाद हमें दक्षिण से लेकर उत्तर तक देखने को मिलते हैं।

नीचे दी गई तालिका में *रामायण* और *महाभारत* के क्षेत्रीय पुनर्पाठों के उदाहरण दिए गए हैं। ध्यान दें कि ये मूल रचनाएँ नहीं हैं, लेकिन फिर भी सबसे ज्यादा लोकप्रिय और व्यापक हैं। पूर्व की कई रचनाएँ या तो गुम हो गई हैं, (उदाहरण के लिए, पंद्रहवीं सदी में श्रीकारा द्वारा रचित *बंगाली महाभारत, भारत पांचाली*) या धारावाहिक (सत्रहवीं सदी में

प्रेमानंद द्वारा रचित गुजराती आख्यान) के रूप में महाकाव्यों की कहानियों को प्रस्तुत करती हैं।

भाषा	**रामायण**	**महाभारत**
तमिल	दसवीं सदी में कंबन द्वारा रचित (*इरमवातारम*)	चौदहवीं सदी में विलीपुत्तुर
मलयालम	सोलहवीं सदी में थुनचात्तु रामानुजन एज़्हुथाचन रचित (*अध्यात्म रामायण*)	सोलहवीं सदी में थुनचात्तु रामानुजन एज़्हुथाचन रचित
कन्नड़	सोलहवीं सदी में कुमार वाल्मीकि रचित (*तोरेव रामायण*)	पंद्रहवीं सदी में नारनप्पा रचित (कुमार व्यास)
तेलुगू	तेरहवीं सदी में गोना बुद्दा रेड्डी रचित (*रंगनाथ रामायण*)	ग्यारहवीं सदी में नन्नाय भट्टारक
उड़िया	सोलहवीं सदी में बलराम दास रचित (*दांडी रामायण*)	पंद्रहवी संदी में सरला दास
बंगाली	पंद्रहवीं सदी में *कृतिवास*	पंद्रहवीं सदी में कवि संजय
असमिया	चौदहवीं सदी में माधव कंदाली	सोलहवीं सदी में कविरत्न सरस्वती
मराठी	सोलहवीं सदी में एकनाथ रचित (*भावरथ रामायण*)	सत्रहवीं सदी में मुक्तेश्वर
गुजराती	अठारहवीं सदी में गिरिधर	पंद्रहवीं सदी में भालन (विभिन्न कथानकों पर आधारित आख्यान)
हिंदी	सोलहवीं सदी में गोस्वामी तुलसीदास रचित (*रामचरितमानस*) अवधी भाषा में	पंद्रहवीं सदी में ग्वालियर में विष्णुदास द्वारा ब्रजभाषा में रचित (पांडव चरित)

क्षेत्रीय पुनर्पाठ अनुवाद, या चारण कृतियाँ नहीं हैं, बल्कि वे महाकाव्यों के अभिनव पुनर्पाठ हैं। भले ही उनकी संरचना मूल संस्कृत पाठ से मिलती-जुलती है, लेकिन उनमें कई बदलाव हैं। उदाहरण के लिए, कृतिवास द्वारा रचित *बंगाली रामायण* में हमें पहली बार लक्ष्मण रेखा और सीता के बारे में धोबी द्वारा की गई गपशप दृष्टिगोचर होती है। कन्नड़ *रामायण* में हमें रावण की वह कहानी मिलती है, जिसमें वह शिव के धनुष को उठाने में असमर्थ होने के कारण सीता से विवाह नहीं कर पाता है, जबकि मलयालम *रामायण* में हम रावण को संभवतया सीता के पिता के रूप में पाते हैं। सरला दास द्वारा रचित उड़िया *महाभारत* में हमें शकुनि की पृष्ठभूमि के बारे में जानकारी मिलती है कि कैसे उसके परिवार को दुर्योधन ने मार डाला था। यह रचना शकुनि को महाकाव्य के खलनायक के रूप में नहीं, बल्कि ऐसे पीड़ित के रूप में प्रस्तुत करती है, जो कौरवों से घृणा करता था।

इनमें से कई रचनाओं में कहानी का भूगोल बदल दिया गया है–बलराम दास ने राम को पुरी, ओडिसा की यात्रा करते हुए दर्शाया है, जबकि विलीपुत्तुर ने अर्जुन को श्रीरंगम, तमिलनाडु की यात्रा करते हुए दर्शाया है। अधिकाँश क्षेत्रीय पुनर्पाठों में राम और कृष्ण की दिव्यता को स्थापित किया गया है, क्योंकि उनकी रचना भक्ति-काल के दौरान हुई थी, जिस समय भावुकतापूर्ण भक्ति हिंदू धर्म की प्रमुख विशेषता थी। इसलिए, यह देखना आश्चर्यजनक नहीं है कि *महाभारत* के अधिक जटिल और वयस्क कृष्ण की तुलना में *भागवत* में वर्णित कृष्ण के बालरूप और *रामायण* के सरल सुहृदय राम को प्राथमिकता दी जाती है। ये रचनाएँ पवित्र मूल पाठों एवं श्रद्धेय पात्रों के प्रति सचेत हैं। वे धर्मनिरपेक्ष मनोरंजन के लिए नहीं हैं, जैसा कि संस्कृत नाटकों में प्रचलित है।

48

दोनों महाकाव्यों पर उन्नीसवीं सदी से कई उपन्यास लिखे गए हैं

अठारहवीं सदी के बाद से, एक साहित्यिक विधा के रूप में उपन्यास यूरोप में लोकप्रिय हो गए थे, जिसने भारतीय लेखकों की कल्पना को भी झकझोरा और उन्नीसवीं सदी से भारत में इस विधा की शुरुआत हुई। भारतीय लेखकों ने *रामायण* और *महाभारत* पर आधारित उपन्यासों का लेखन शुरू किया। *रामायण* और *महाभारत* के क्षेत्रीय पुनर्पाठों के विपरीत, इन उपन्यासों में, लेखक द्वारा आत्म-चेतन रूप से धर्मनिष्ठ होने की कोई इच्छा नजर नहीं आती है। ये कहानियाँ या तो लेखक/कथाकार द्वारा स्वयं ही सुनाई गई हैं अथवा किसी विशेष चरित्र की नजरों से कहानी सुनाई गई है, जिनमें कथावाचक प्रायः एक वकील या न्यायाधीश की भूमिका में रहते हुए किसी एक चरित्र का बचाव करता है और अन्य चरित्रों को आरोपी के रूप में कठघरे में खड़ा करता है। इनमें प्राचीन कथा को आधुनिक युग के रोजमर्रा के अनुभवों से जोड़ने की ललक रही है। इसने पौराणिक कथा या मिथक नामक एक नई शैली को जन्म दिया, जो कि क्षेत्रीय भाषाओं के साथ-साथ अंग्रेजी भाषा में एवं गद्य के साथ-साथ पद्य या काव्य विधा में भी समान रूप से लोकप्रिय है।

एक ओर वे लेखक हैं, जो इन कहानियों की समालोचना नारीवादी या मार्क्सवादी दृष्टिकोण से करते हैं, तथा यह सिद्ध करने का प्रयास करते हैं कि किस तरह इन महाकाव्यों का उपयोग ब्राह्मणवादी वर्चस्व को

स्थापित करने में किया गया। दूसरी ओर वे लेखक हैं, जो इन कहानियों को आद्य-इतिहास के रूप में सुनाते हैं एवं अपनी कल्पना को वैदिक इतिहास और सत्य के रूप में प्रस्तुत करते हैं।

भाषा	**रामायण**	**महाभारत**
गुजराती	पन्ना लाल पटेल रचित *रामे सीताने मारयन जो!*	कन्हैया लाल मुंशी रचित *कृष्णावतार*
मराठी	तारा वरनासे रचित *श्यामिनी* (सूर्पणखा पर आधारित)	शिवाजी सामंत रचित मृत्युंजय (कर्ण पर आधारित)
हिंदी	नरेंद्र कोहली रचित *अभ्युदय*	रामधारी सिंह दिनकर की कविता *रश्मिरथी* (कर्ण पर आधारित)
अंग्रेजी	आनंद नीलकंठन रचित *असुर* (रावण पर आधारित)	चित्रा दीवाकुरुनी बनर्जी रचित *पैलेस ऑफ इल्युजन* (द्रौपदी पर आधारित)
उड़िया	कालिया पाणिग्रही रचित *निर्वासिता* (सीता पर आधारित)	प्रतिभा रे रचित ज्ञाग्सेनी (द्रौपदी पर आधारित)
बंगाली	माइकल मधुसूदन दत्त रचित *मेघनाद-वध* (इंद्रजीत पर आधारित)	गजेंद्र कुमार मित्रा रचित *पांच्यजन्य*
असमिया	इंदिरा गोस्वामी रचित *दशोरोथिर खुज*	चंद्र प्रसाद सैकिया रचित महारथी
तमिल	थिरुप्पूर कृष्णन रचित *अपूर्व रामायणम* (भरत पर आधारित)	जयमोहन रचित *वेणमुरासु*
कन्नड़	कुवेंपु द्वारा रचित कविता *रामायण दर्शनम*	भैरप्पा द्वारा रचित *पर्व*

मलयालम	सारा जोजफ द्वारा रचित ओरुकवल (अंगद पर आधारित)	एम.टी. वासुदेवन नायर रचित *रंदामूझम* (भीम पर आधारित)
तेलुगू	मुप्पला रंगनायकम्मा रचित *जानकी मुक्ति*	यरलागड्डा लक्ष्मी प्रसाद रचित *द्रौपदी*

यह उल्लेखनीय है कि भक्तिकाल में, लोगों ने *महाभारत* की तुलना में *रामायण* को अधिक पसंद किया और राम और कृष्ण, दोनों को, संपूर्णता की प्रतिमूर्ति के रूप में दर्शाने की तीव्र इच्छा थी। आधुनिक समय की उपन्यास लेखन विधा में *महाभारत*, *रामायण* की तुलना में कहीं अधिक लोकप्रिय है, जिनमें राम और कृष्ण, दोनों को, अवगुण युक्त मनुष्य और अपरिपूर्ण देवता के रूप में दर्शाने की प्रवृत्ति दृष्टिगोचर होती है। यद्यपि प्राचीन संस्कृत नाटक भक्ति भावपूर्ण नहीं हैं, लेकिन इन नाटकों में कहीं भी राम और कृष्ण को संदेहास्पद नहीं दिखाया गया है; जबकि आधुनिक लेखकों की नजरों में राम और कृष्ण के प्रति ऐसे भाव भी नजर आते हैं।

8

ज्ञान

जिसमें हम यह जानेंगे कि कैसे इन दोनों महाकाव्यों ने हिंदुओं को कर्म, धर्म, विविधता, समानता, अनंत और नश्वरता जैसे जटिल विचारों को समझने की शिक्षा दी है।

49

दोनों महाकाव्य क्रिया एवं प्रतिक्रिया के बारे में बात करते हैं

हिंदू जगत मूलतया कर्म आधारित है। कर्म का तात्पर्य है क्रिया एवं प्रतिक्रिया। प्रत्येक क्रिया मूलतया अतीत के कर्मों की प्रतिक्रिया होती है। तथा वर्तमान में किए गए हर कर्म की भविष्य में प्रतिक्रिया अवश्यंभावी है, जिसे प्रत्येक व्यक्ति को भोगना ही है, इस जीवन में नहीं तो अगले जीवन में। यही बात पुनर्जन्म के सिद्धांत को कर्म के विचार का केंद्र बनाती है।

कर्म के सिद्धांत की व्याख्या *रामायण* और *महाभारत* में दो अलग प्रकार से की गई है—पहली वरदान एवं अभिशाप के द्वारा, दूसरी यह परिलक्षित करके कि किस प्रकार प्रत्येक घटना किसी बड़ी घटना का सूक्ष्म भाग होती है। इस प्रकार हम पाते हैं कि प्रारंभ के पहले भी कुछ होता है और समाप्ति के पश्चात भी कुछ न कुछ अवश्य होता है।

चूंकि *रामायण*, *महाभारत* के पूर्व अस्तित्व में आई, अत: ऐसा प्रतीत होता है कि *रामायण* क्रिया है तथा *महाभारत* उसकी प्रतिक्रिया। उदाहरण स्वरूप इंद्रदेव एवं सूर्यदेव की शत्रुता को ही लें। *रामायण* में राम ने इंद्र के पुत्र बालि का वध करके सूर्य पुत्र सुग्रीव को राजा बनाया था। *महाभारत*

में श्रीकृष्ण नें सूर्य पुत्र कर्ण के विरुद्ध इंद्र के पुत्र अर्जुन का साथ दिया। उन्होंने कर्ण को हराने में अर्जुन की सहायता की। बालि का छलपूर्वक वध उस समय किया गया था, जिस समय सुग्रीव ने उसका ध्यान भटकाया था। ठीक उसी प्रकार, कर्ण का भी वध कीचड़ में फँसे हुए रथ के पहिए को निकालते समय छलपूर्वक किया जाता है। अलग-अलग देखें तो दोनों घटनाएँ अन्यायपूर्ण एवं असंतुलित जान पड़ती हैं, किंतु साथ में देखने पर एक दूसरे की पूरक नजर आती हैं।

रामायण में श्रीराम, हनुमान के कंधों पर बैठते हैं। *महाभारत* में हनुमान, अर्जुन के रथ की पताका पर विराजमान हैं, सारथी के रूप में जिसका संचालन स्वयं कृष्ण कर रहे हैं। इस प्रकार *रामायण* में, हनुमान, विष्णु के अवतार राम को वहन करते हैं, तो *महाभारत* में, विष्णु के अवतार कृष्ण द्वारा संचालित रथ की पताका पर हनुमान विराजमान होते हैं। इस प्रकार, दोनों घटनाओं में परस्पर संतुलन स्थापित किया गया है।

रामायण में राम के द्वारा की गई कई प्रतिज्ञाएँ *महाभारत* में पूरी की गई हैं। राम वनवास काल में ऋषियों एवं ऋषिकाओं से कहते हैं कि वे उनके साथ समय व्यतीत नहीं कर सकते, क्योंकि वे केवल सीता के साथ ही समय व्यतीत कर सकते हैं। किंतु वे वचन देते हैं कि अगले जन्म में जब वे गोपी-गोपिका होंगे, तब कृष्ण रूप में वे उनके साथ रहेंगे। इसी प्रकार श्री राम जामभवन की उनके साथ मल्लयुद्ध की इच्छा को अगले जन्म में कृष्ण के रूप में पूरा करने का वचन देते हैं। कर्नाटक की लोककथाओं के एक प्रसंग के अनुसार वानरों ने नरकासुर की ओर से श्रीकृष्ण के विरुद्ध युद्ध करने से मना कर दिया था, क्योंकि वे कृष्ण रूपी राम को पहचान गए थे। इस प्रकार दोनों महाकाव्य आपस में गहराई से जुड़े हैं।

जब हम *विष्णु पुराण* पढ़ते हैं, तब हमें यह स्पष्ट होता है कि *रामायण* और *महाभारत*, दोनों ही एक ब्रह्मांडीय घटना की प्रतिक्रियाएँ हैं। हमें यह ज्ञात होता है कि विष्णु ने एक बार देवासुर संग्राम में देवताओं की सहायता की थी। असुर अपने गुरु शुक्राचार्य के पास जाते हैं, किंतु वे वहाँ नहीं थे। अतः सारे असुर उनकी माता के पीछे छिप जाते हैं, और तब तक सुरक्षित रहते हैं, जब तक विष्णु अपना सुदर्शन चक्र चलाकर शुक्राचार्य की माता

का शिरोच्छेदन नहीं कर देते। इस घृणित कार्य के लिए शुक्र ने विष्णु को श्राप दिया कि उन्हें राम और कृष्ण के रूप में मृत्युलोक में जन्म लेना पड़ेगा। अत: राम और कृष्ण के जन्म को इस श्राप की पूर्ति के रूप में भी देखा जा सकता है।

एक अन्य कथा के अनुसार, सनत कुमार नामक चार ऋषि, भगवान विष्णु से मिलने क्षीर सागर स्थित उनके निवास बैकुंठ धाम जाते हैं। किंतु उनके द्वारपाल जय और विजय उन्हें यह कह कर मुलाकात से मना कर देते हैं कि विष्णु जी निद्रा में हैं। ऐसा कई बार होता है। अंतत: क्रोधित होकर सनत कुमार उन दोनों को राक्षस रूप में धरती पर जन्म लेने का श्राप दे देते हैं। अत: जय और विजय, पृथ्वी पर रावण तथा कुंभकर्ण एवं शिशुपाल तथा दंतवक्र के रूप में जन्म लेते हैं। जय और विजय इस बात से स्तब्ध रह जाते हैं कि द्वारपाल के कर्तव्य का निर्वहन करने पर भी उन्हें क्यों श्राप दिया गया। विष्णु उन्हें सांत्वना एवं वचन देते हैं कि वे स्वयं उन दोनों का उद्धार करेंगे एवं बैकुंठ में उनकी वापसी सुनिश्चित करेंगे। उनके उद्धार के लिए विष्णु स्वयं धरती पर अवतरित हो, यह सुनिश्चित करने के लिए जय और विजय पृथ्वी पर भारी उत्पात मचाते हैं। रावण तथा कुंभकर्ण एवं शिशुपाल तथा दंतवक्र अपना सारा समय पृथ्वी पर मानव जीवन को कष्टमय बनाने में लगा देते हैं ताकि मनुष्य विवश होकर विष्णु से प्रार्थना करें कि वे अवतार लेकर उन्हें कष्टों से मुक्ति दिलाएँ। यह व्यवहार 'विपरीत भक्ति' कहलाता है, जिसमें भक्त की घृणा एवं क्रोध ही ईश्वर के प्रति उसके प्रेम की अभिव्यक्ति है। इसके प्रत्युत्तर में, विष्णु, राम का अवतार लेकर रावण एवं कुंभकर्ण का तथा कृष्ण का अवतार लेकर शिशुपाल एवं दंतवक्र का वध करते हैं।

विष्णु, राम एवं कृष्ण की कथाओं से हमें यह ज्ञात होता है कि किस प्रकार अतीत, वर्तमान का एवं वर्तमान, भविष्य का दर्पण है। हमें यह भी ज्ञात होता है कि घटनाएँ किसी एक कारण मात्र से आकार नहीं लेतीं, बल्कि किसी घटना को आकार देने में कई कारकों का योगदान होता है। इसी वजह से यह संसार रहस्यपूर्ण है।

प्रत्येक व्यक्ति को कर्म के पाश्चात्य/आधुनिक नजरिए के प्रति सजग

रहना नितांत आवश्यक है, जो कि हिंदू विचारधारा को बदनाम करने का सोचा-समझा विचार है। आपको ऐसे लोग भी मिल जाएँगे जो कर्म और नियति को एक समान मानते हैं। कर्म का सिद्धांत यह कहता है कि आप भले ही वर्तमान परिस्थितियों पर नियंत्रण नहीं कर सकते, लेकिन उनके प्रति अपनी प्रतिक्रियाओं को अवश्य तय कर सकते हैं। यह नियतिवाद नहीं है। कर्म का सिद्धांत यह भी कहता हैं कि अपनी परिस्थितियों का सृजन करने में आपका ही योगदान होता है। यह भी नियतिवाद नहीं है; वस्तुत: यह आपको आत्मदया एवं दोषारोपण से रोकता है–यह आपको अपने जीवन का दायित्व ग्रहण करने की ओर प्रेरित करता है। जब राम को वनवास दिया जाता है, तो वे जानते है कि ऐसा भाग्य के कारण नहीं बल्कि पूर्व जन्मों के कर्मों के कारण है। जब जरासंध मथुरा नगरी को जलाता है, तो कृष्ण जानते हैं कि यह भाग्य नहीं, कर्म है–जरासंध के जामाता कंस के वध का परिणाम है। इसके लिए स्वयं को अथवा अन्य किसी को दोष देने का कोई औचित्य नहीं है। पीड़ित महसूस करने का भी कोई औचित्य नहीं है क्योंकि घटना विशेष के सृजन में हमारा ही योगदान होता है। हम महज पूर्ण उत्तरदायित्व के साथ परिस्थिति का सामना ही कर सकते हैं।

कुछ ऐसे लोग भी हैं, जो कर्म को बाइबिल के सिद्धांत 'जैसा बोओगे, वैसा काटोगे' के समान मानते हैं। इसके अनुसार अतीत में किए गए बुरे कार्यों के परिणामस्वरूप वर्तमान में दुर्भाग्य का सामना करना पड़ता है। इस नैतिक समझ में कर्म की जटिलताओं का समावेश नहीं किया गया है। हम सबसे पृथक होकर व्यवहार नहीं कर सकते; हमारा कर्म, कर्म रूपी वन के एक वृक्ष के समान है और इसीलिए हमारा कर्म दूसरों के कर्म से प्रभावित होता है। वन में स्थित किसी वृक्ष का भाग्य केवल उसकी क्षमता एवं योग्यता से तय नहीं होता, वरन उसके चारों ओर स्थित अन्य वृक्षों-लताओं के व्यवहार से भी निर्धारित होता है। अत: हमारा भाग्य अथवा दुर्भाग्य केवल हमारे कर्मों का ही फल नहीं है। राम का वनवास उनके पिता के कर्मों का फल है, इस मामले में इनकी कोई भूमिका नहीं है। यह उनका रोपा हुआ बीज नहीं है, जिसका फल उन्हें प्राप्त हुआ। इसलिए गीता में

कृष्ण ने अर्जुन से कहा है, कि वह सिर्फ कर्म (बीज) पर ही अपना ध्यान केंद्रित करें, उसके परिणाम (फल) पर नहीं।

50

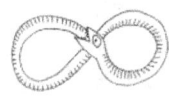

दोनों महाकाव्य हमारा ध्यान अनंत की अवधारणा की ओर ले जाते हैं

यदि बौद्ध धर्म ने अस्तित्वहीनता अथवा शून्यता के विचार को महत्व दिया है तो हिंदू धर्म ने इसके विपरीत अनंतता के विचार को महत्व दिया है। हम किसी वस्तु की अनुपस्थिति का तो अनुभव कर सकते हैं, किंतु हर वस्तु की उपस्थिति का अनुभव नहीं कर सकते; हम केवल अनंतता के अर्थ की ओर संकेत कर सकते हैं–प्रत्यावर्तन और अंशों की अनवरत चर्चा करते हुए एक और अवसर, एक और संभावना, एक और व्याख्या। हम इसे *रामायण* एवं *महाभारत* में देखते हैं।

महाभारत के बिना *रामायण* अपूर्ण है। रामायण की घटनाओं का तभी कोई अर्थ है, जब हम *महाभारत* की घटनाओं को समझें। इन दोनों महाकाव्यों का सार हमें तभी समझ में आता है, जब हम *विष्णु पुराण* पढ़ते हैं, और यह जान पाते हैं कि राम एवं कृष्ण, विष्णु के अंश के रूप में कार्य करते हैं। इसके इतर हमारा ज्ञान तब और बढ़ जाता है जब *शिव पुराण* में हम शिव की कथा पढ़ते हैं। इसकी पुष्टि तब और होती है जब हम ब्रह्मा पुराण में असुरक्षा की भावना से ग्रस्त ब्रह्मा एवं उनके पुत्रों के बारे में पढ़ते हैं, तदंतर जिसकी व्याख्या *देवी पुराण* में देवी रूपी प्रकृति

के द्वारा होती है। जैसा कि हम जानते हैं, प्रकृति असीमित है, और उसका विस्तार क्षितिज के भी परे है। कोई भी राजा संपूर्ण रूप से उस पर विजय प्राप्त करने की कल्पना नहीं कर सकता। एक चक्रवर्ती राजा भी केवल उसकी आँखों से दिख रहे क्षितिज तक ही अपने राज्य का विस्तार कर सकता है, उसके पार नहीं। इन सबका दृष्टा कौन है?

पुराणों का तब तक कोई अर्थ नहीं है, जब तक कि हम वेदों को न जानें। हिंदुत्व तब तक अर्थपूर्ण नहीं, जब तक हम बौद्ध एवं जैन धर्म के मठवाद को न जानें। हमें ज्ञात होता है कि किस प्रकार हिंदू धर्म आत्मा (जीव) और परमात्मा, दोनों को महत्व देता है, जैन धर्म केवल आत्मा (जीव) को महत्व देता है, परमात्मा को नहीं तथा बौद्ध धर्म इन दोनों को ही महत्व नहीं देता–किंतु तीनों ही पुनर्जन्म एवं कर्म को महत्व देते हैं।

जैन धर्म में पर्वत शिखरों पर मठ बनाए गए हैं, जिन पर चारों दिशाओं में क्षितिज की ओर देखते तीर्थंकरों की प्रतिमाएँ स्थापित की गई हैं। हिंदू धर्म में यह चतुर्मुखी रूप सृष्टि के रचयिता ब्रह्मा के रूप में प्रस्तुत किया गया है। लेकिन जहाँ जैन धर्म में यह मूर्ति एक ज्ञानी व्यक्ति का रूप है, वहीं हिंदू धर्म में यह ईश्वर का रूप है। जैन धर्म के अनंत रूप से विस्तृत मानस को हिंदू धर्म में दिव्यता के रूप में देखा गया। इस प्रकार, हम हिंदू धर्म तथा जैन धर्म के मध्य एक प्रतिध्वनि या अनुगूँज देखते हैं, यद्यपि हिंदू धर्म जहाँ कुछ अधिक लौकिक है, वहीं जैन धर्म कुछ अधिक मठवादी। हिंदू धर्म में जहाँ गीत एवं नृत्य प्रमुख पूजोपासना अवयव हैं, जैन धर्म में ये दोनों ही निषिद्ध हैं, और वह शांति एवं स्थिरता को प्रमुखता देता है। भारत में हर विचार का एक पूरक एवं विकल्प है, जो अनंत संभावनाओं को जन्म देता है।

रामायण एवं *महाभारत* के प्रत्येक वृत्तांत में हमें असीमित ज्ञान की प्राप्ति होती है। उदाहरण के लिए, *महाभारत* में कृष्ण बार–बार अपना अनंत रूप दिखाते हैं–उनकी माँ यशोदा उनके मुख में सम्पूर्ण ब्रह्मांड का दर्शन करती हैं; कुरुक्षेत्र की युद्ध भूमि में अर्जुन उनके विराट रूप के दर्शन करते हैं। तथापि, कृष्ण का जीवन सीमाओं में बँधा है और उनकी कर्म भूमि गंगा के आसपास का सीमित मैदानी क्षेत्र है। वे सीमित हैं, किंतु स्वयं में

अनंत को समाहित किए हुए हैं एवं अनंत के ज्ञाता हैं।

कृष्ण का विपरीत भी सत्य है, तथा कथाओं में इसको समझना अत्यंत आवश्यक है। कृष्ण के विपरीत राम को अपने देवत्व तथा अनंतता का ज्ञान नहीं है, यद्यपि वे भी विष्णु के अवतार हैं। ऐसा इसलिए भी ठीक है, क्योंकि रावण का वध किसी ऐसे व्यक्ति के हाथों नहीं हो सकता था, जिसे अपने देवता होने का ज्ञान हो। एक नश्वर व्यक्ति ही उसका वध कर सकता है। राम का यह नहीं जानना कि वे अनंत हैं, एक महत्व रखता है; और कृष्ण का यह जानना कि वे अनंत है, महत्व रखता है। दोनों ही धर्म की स्थापना में योगदान देते हैं–राम अज्ञात रूप से, कृष्ण ज्ञात रूप से।

इस प्रकार अनंतता, कहानी के एक अंश में भी विद्यमान है और पूरी कथा में भी। अनंतता, सीमा के भीतर भी है, और सीमा के परे भी। सभी चीजें अंश रूप से अस्तित्व में हैं। सभी चीजें प्रत्यावर्तित हैं, और स्वयं में कार्यशील हैं–फिर चाहे वे वेद हों अथवा पुराण, महाकाव्य हो अथवा जीवन।

51

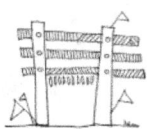

दोनों महाकाव्य क्षेत्र एवं संपत्ति के मध्य अंतर करते हैं

'मत्स्य न्याय' की चर्चा किए बिना हिंदू दर्शन को नहीं समझा जा सकता–यह जंगल के कानून के लिए प्रयुक्त किया जाने वाला एक

वैदिक शब्द युग्म है। मत्स्य न्याय का सर्वप्रथम उल्लेख 3000 वर्ष पूर्व रचित *शतपथ ब्राह्मण* में मिलता है। इसके लगभग 1000 वर्ष बाद रचित *अर्थशास्त्र* एवं *मनुस्मृति* के अध्ययन से हमें यह ज्ञात होता है कि राजा की नियुक्ति देवताओं द्वारा की जाती थी, जिनका कर्तव्य यह सुनिश्चित करना था कि मनुष्य पशुवत आचरण न करें, 'क्षेत्र' को महत्व दें, 'संपत्ति' को नहीं।

जंगल का कानून है–जिसकी लाठी उसकी भैंस। जो शक्तिशाली होता है, वह भोजन और सहवास के लिए क्षेत्र या इलाके पर अधिकार कर लेता है और दुर्बल को परे कर देता है–जैसा कि बालि ने किष्किंधा तथा रावण ने लंका में किया। पशु अपनी संतानों के नाम किसी तरह की उपाधि एवं राज्य वसीयत नहीं कर सकते। संस्कृति, संपत्ति की अवधारणा को जन्म देती है। यह अहं का विस्तार करती है। संस्कृति में, आपका मूल्य इस बात से बढ़ता है, कि आपके पास कितनी संपत्ति है। आप भी अपनी संपत्ति के कारक होते हैं। हम प्राय: यह मान लेते हैं कि अयोध्या, राम की तथा हस्तिनापुर, युधिष्ठिर की संपत्ति है, जबकि वस्तुत: वह उनका उत्तरदायित्व है। हिंदू दर्शन के अनुसार, राजा का अस्तित्व अन्य लोगों की संपत्ति की सुरक्षा सुनिश्चित करने के लिए होता है। संपत्ति की लालसा, संपत्ति से मोह, दूसरों की संपत्ति की चाह–ये सभी असुरक्षा, आत्मज्ञान की असफलता तथा अहं के वशीभूत होने के संकेत हैं।

संपत्ति की लड़ाई सिर्फ यही दर्शाती है कि 'मेरा' क्या है! मेरा क्या है, इससे यह परिभाषित होता है कि मैं क्या हूँ! अंतत: यह अस्मिता या पहचान का युद्ध है। मनुष्य के रूप में हम यह जानने के लिए संघर्ष कर रहे हैं कि हम कौन हैं! संपत्ति के द्वारा हम अपनी अस्मिता स्थापित करते हैं और इस संपत्ति की रक्षा करने के लिए सभ्यता विकसित होती है। संपत्ति पर आधारित अस्मिता ही अहं है–अर्थात असुरक्षा का प्रदर्शन। ज्ञान एवं दूरदृष्टि से हम यह समझ पाते हैं कि सच्ची अस्मिता, संपत्ति पर आश्रित नहीं होती। मनुष्य की सच्ची अस्मिता उसकी आत्मा है। जहाँ अहं हमें संपत्ति के संचय तथा उसमें लिप्त रहने को विवश करता है एवं ईर्ष्यालु बनाता है, आत्मा केवल हमारे भय का निरीक्षण करती है तथा उसे

इस नश्वर शरीर से जोड़ती है, जिसमें वह निवास करती है। ऋग्वेद के अनुसार आत्मा वह पक्षी है जो दूसरे पक्षी को फल का सेवन करते हुए देखता है। उपनिषदों के अनुसार, आत्मा सभी जीवों के साथ-साथ हमारे चारों (ब्राह्मण, परमात्मा) ओर अस्तित्व में रहती है।

राम, आत्मा स्वरूप है। इसलिए, वे अयोध्या और वन दोनों स्थानों पर शांत रहते हैं। वे सीता के लिए इसलिए युद्ध नहीं करते कि वे उनकी संपत्ति हैं, वरन इसलिए क्योंकि वे अपने परिवार की प्रतिष्ठा के रक्षक हैं। वे अयोध्या पर इसलिए शासन नहीं करते कि वे राजा बनना चाहते हैं, वरन इसलिए करते हैं कि राजपरिवार के ज्येष्ठ पुत्र होने के कारण यह उनकी भूमिका है। राम धर्म के प्रतीक हैं तथा वे जंगल के कानून, जिसमें जीवों को अधिकाधिक भूभाग पर शासन करने की लालसा, तृष्णा और भय होता है, का त्याग करते हैं। केवल मनुष्य ही–अपने मानवीय गुणों (मानस)– के द्वारा इस लालसा को दूर रख सकता है।

इसी प्रकार कृष्ण भी आत्मा स्वरूप है, जो अर्जुन को यह शिक्षा देते हैं कि उसे संपत्ति के लिए नहीं, अपने चचेरे भाइयों पर अधिकार जमाने के लिए नहीं, प्रसिद्धि के लिए नहीं, अपने अहम के लिए नहीं, वरन धर्म के लिए, सामाजिक न्याय के लिए तथा चचेरे भाइयों से अपनी आजीविका वापस लेने वाले भाई के रूप में, अपना कर्तव्य निर्वहन हेतु युद्ध करना चाहिए। और यह तभी संभव है जब वह आत्मा के अमरत्व एवं स्थिरता को स्वीकार करे।

52

दोनों महाकाव्य आश्रम व्यवस्था को महत्व देते हैं

पारंपरिक रूप से देखा जाए तो, आश्रम व्यवस्था के बिना वर्ण व्यवस्था का कोई अर्थ नहीं। तथापि हिंदू समाज की वास्तविकता यह है कि प्रत्येक व्यक्ति वर्ण धर्म पर तो ध्यान देता है, किंतु आश्रम धर्म को बिल्कुल भुला दिया गया है। जहाँ वर्ण धर्म व्यक्ति के व्यवसाय एवं सामाजिक स्तर से सरोकार रखता है, वहीं आश्रम धर्म व्यक्ति के जीवन के विभिन्न स्तरों से सरोकार रखता है।

वैदिक समाज के अनुसार, हर व्यक्ति जीवन के चारों भागों से होकर गुजरता है—पहला छात्र (ब्रह्मचर्य आश्रम), दूसरा गृहस्थ (गृहस्थ आश्रम), तीसरा सेवानिवृत्ति (वानप्रस्थ) एवं चौथा तपस्वी (संन्यास)। यह गृहस्थ और संन्यासी, लौकिक और अलौकिक के मध्य संतुलन बनाए रखने का विचार था। यह विचार यह सुनिश्चित करने के लिए भी था कि धरती पर कहीं एक साथ कई पीढ़ियों का बोझ तो एकत्र नहीं हो गया है—अर्थात नवीन पीढ़ी के आगमन (पुत्र का विवाह करके गृहस्थ आश्रम में प्रवेश) पर पुरानी पीढ़ी का पीछे हट जाना (पिता द्वारा अपने उत्तरदायित्वों को पुत्र को सौंप कर वानप्रस्थ आश्रम में प्रवेश) तथा पितामह द्वारा संन्यास ग्रहण कर गृह त्याग देना। इस प्रकार समाज में इस विचार को स्थापित किया गया कि न कोई स्थाई है और न ही कोई अपरिहार्य। इस गतिशील प्रवाह से समाज में स्थिरता बनी रहती थी।

रामायण और *महाभारत*, दोनों महाकाव्य आश्रम धर्म पर बात करते हैं,

किंतु अलग-अलग तरीके से। जहाँ *रामायण* इसे अपनाने की बात करती है, *महाभारत* इसका प्रतिरोध करती है।

रामायण में, जब राम विवाह उपरांत वधू लेकर अयोध्या लौटते हैं, तो राजा दशरथ, आश्रम व्यवस्था को अपनाते हुए वानप्रस्थ की तैयारी कर लेते हैं। जब राम की संतानें शासन करने योग्य हो जाती हैं, तब मृत्यु के देवता 'यम,' राम को उनके नश्वर होने का स्मरण कराते हैं। और इस प्रकार, राम सभी से विदा लेकर सरयू में जलसमाधि ले लेते हैं, इसे आत्म वध अथवा अपनी पहचान मिटाकर संन्यासी हो जाने के रूप में भी देखा जा सकता है। दूसरी ओर, राम का विरोधी रावण प्रकांड पंडित और वेदों का ज्ञाता है तथा जिसके वयस्क पुत्र और पुत्रवधुएँ हैं, फिर भी वह सिंहासन त्यागने से स्पष्ट मना कर देता है। वह निरंतर नई स्त्रियों एवं रक्षिता नारियों की खोज में लगा रहता है तथा उसकी वानप्रस्थ अथवा संन्यास आश्रम में जाने की कोई योजना नहीं है।

महाभारत में भीष्म अविवाहित हैं और उन्हें संन्यासी हो जाना चाहिए। तथापि वे गृहस्थ जीवन जीते हुए अपने छोटे भाइयों की देखभाल करते हैं। वे उनके विवाह हेतु वधुएँ लाते हैं। जब इन वधुओं के अक्षम पुत्र पैदा होते हैं तब भी वे हस्तिनापुर की देखभाल करते रहते हैं और अपने भतीजों का विवाह कर उनके लिए वधुएँ लाते हैं। तदुपरांत जब उनके भतीजे भी 105 संतानों को जन्म दे देते हैं, तब भी वे वहीं बने रहते हैं, इस भय से कि कहीं उनके मध्य होने वाले विवादों के चलते गृहस्थी न बिखर जाए, जो कि अंततः बिखर ही जाती है। इसके बाद भी, जब उनके भाइयों के पौत्रों की भी संतानें हो जाती हैं और युद्ध प्रारंभ हो जाता हैं, तो वे पांडवों के विरुद्ध कौरवों की सेना का नेतृत्व करते हैं तथा एक गति अवरोध की स्थिति उत्पन्न कर आशा के विरुद्ध पारिवारिक कलह को समाप्त करने का प्रयास करते हैं। इस प्रकार स्वयं को मिले इच्छा मृत्यु के वरदान का पूर्णलाभ लेते हुए वे अत्यधिक लंबा जीवन व्यतीत करते हैं। वे तब तक नहीं प्राण त्यागना चाहते, जब तक सब कुछ ठीक न हो जाए। अन्य शब्दों में, वे वर्ण-व्यवस्था को नकारते हैं, स्वयं को अति आवश्यक मानते हैं और यह भी मानते हैं कि पूर्णता प्राप्त की जा सकती है। इसके विपरीत

छत्तीस वर्ष शासन करने के पश्चात युधिष्ठिर स्वेच्छा से राज त्याग देते हैं तथा अपने भतीजे अभिमन्यु के पुत्र परीक्षित को हस्तिनापुर का राज्य सौंप कर अपने भाइयों एवं पत्नी के साथ संन्यास आश्रम धारण कर हिमालय चले जाते हैं।

<h1 style="text-align:center">53</h1>

दोनों महाकाव्यों में
नारीवादी विषय अंतर्निहित हैं

पितृसत्ता स्त्री की तुलना में पुरुष को विशेष अधिकार देती है, जबकि नारीवाद दोनों को संतुलित करता है।

रामायण में हम पाते हैं कि स्त्रियों को अपने वश में रखने के लिए पवित्रता या सतीत्व को एक औजार के रूप में प्रयोग किया गया है। कैकयी एवं सूर्पणखा जैसी कामुक एवं विलासी स्त्रियों को खलनायिका माना गया है। अहिल्या एवं सीता जैसी स्त्रियाँ इंद्र एवं रावण जैसे दुराचारी पुरुषों से पीड़ित हैं, तथा उनके पतियों क्रमश: गौतम एवं राम ने उन्हें सहयोग देने के स्थान पर दंडित ही किया। निर्दोष होने पर भी अहिल्या को पत्थर की शिला बनना पड़ा और सीता को वन जाना पड़ा।

महाभारत में चार पीढ़ी की स्त्रियों का वर्णन दर्ज है। प्रथम पीढ़ी की गंगा का विवाह शांतनु से होता है और वे उसे विवाहोपरांत पूर्ण स्वतंत्रता देने का वचन देते हैं। सत्यवती का विवाह भी शांतनु से तभी होता है,

जब वे उसे यह वचन देते हैं कि उसकी संतानें ही उत्तराधिकारी होंगी। दूसरी पीढ़ी में, अंबा, अँबिका और अंबालिका को भीष्म द्वारा स्वेच्छा से वर चयन करने से रोका जाता है तथा वे उनका अपहरण अपने निर्बल भाई विचित्रवीर्य से विवाह कराने के लिए कर लेते हैं। जब संतानहीन विचित्रवीर्य की मृत्यु हो जाती है, तब उसकी विधवाओं को व्यास के साथ संभोग करके संतान उत्पत्ति करने हेतु बाध्य किया जाता है। तीसरी पीढ़ी में, कुंती अपने वर के रूप में पांडु का चयन करती है, किंतु उसे पांडु की दूसरी पत्नी माद्री को भी स्वीकार करना पड़ता है, जिसे कुरु वंश के द्वारा क्रय किया गया था। गांधारी अपने पति की नेत्रहीनता की पीड़ा को साझा करने के लिए अपने नेत्रों पर सदैव पट्टी बाँधे रहती थी, जिसके कारण उसे सती एवं पवित्र माना गया। चौथी पीढ़ी में, द्रौपदी को पाँच पतियों की पत्नी बन कर रहना पड़ा और ऐसा निर्णय उसने नहीं बल्कि उसकी सास कुंती ने लिया था।

आमतौर पर *रामायण* को पितृसत्तात्मक एवं *महाभारत* को नारीवादी माना गया है। इसका कारण यह है कि सीता ने अपने प्रति हुए अन्याय को मौन रह कर सहा, जबकि द्रौपदी ने अन्याय के विरुद्ध आवाज बुलंद की एवं कौरवों से प्रतिशोध लेने की माँग की है। लेकिन गौर से देखने पर हमें इससे बिल्कुल भिन्न प्रतीत होगा।

रामायण में सीता ने पाँच स्वतंत्र निर्णय लिए। वे चाहतीं तो वनवास पर नहीं भी जा सकती थीं, किंतु उन्होंने राम के साथ वनवास पर जाने का निर्णय लिया। भूखे व्यक्ति को लक्ष्मण रेखा पार करके भोजन देना भी उन्हीं का निर्णय था। अगर वे चाहती तो हनुमान के साथ लंका से निकल कर आ सकती थीं, किंतु उन्होंने राम के आने की ही प्रतीक्षा की। राम के साथ अयोध्या वापस आने का निर्णय भी उन्हीं का था, यद्यपि उन्हें अपनी इच्छा से कहीं भी जाने की स्वतंत्रता थी। अंततः धोबी द्वारा कलंक लगाने पर जब राम ने सीता को वनवास पर जाने का आदेश दिया तो अयोध्या वापस न लौटने का निर्णय भी उन्हीं का था। वे ऐसी स्त्री के रूप में हमारे समक्ष आती हैं, जो अपने निर्णय स्वयं लेती है। उनके पुत्र ही राम के उत्तराधिकारी बनते हैं।

महाभारत में, द्रौपदी सदैव अपने पतियों से निराश रहीं, विशेषकर सर्वाधिक प्रिय अर्जुन से। अर्जुन ने उन्हें तीरंदाजी प्रतियोगिता में जीता था। लेकिन उसे अपने अन्य भाइयों के साथ साझा किया। अन्य भाइयों की और भी पत्नियाँ थीं, किंतु द्रौपदी की इच्छानुसार उन्हें पांडवों द्वारा द्रौपदी के लिए बनाए गए नगर इंद्रप्रस्थ में रहने की अनुमति नहीं थी। लेकिन कृष्ण और अर्जुन ने सुभद्रा को इंद्रप्रस्थ में प्रवेश देने के लिए चतुराई से द्रौपदी को राजी कर लिया था। जब दुश्शासन द्रौपदी को केशों से पकड़कर भरी सभा में खींचता हुआ लाता है और उसे भरी सभा में निर्वस्त्र करने का कुप्रयास करता है, तब पाँचों पांडव बेबस होकर देखते रहते हैं। पाँचों पांडव उस समय भी मूक और बेबस बने रहे जब विराट की सभा में कीचक ने द्रौपदी को चाँटा मारा था। अंत में, द्रौपदी ने भीम को इस अपमान का बदला लेने की सौगंध दिलाई। उसने भीम के द्वारा कीचक का वध कराया तथा सौ कौरवों की हत्या कराई ताकि वह अपनी सौगंध पूरी करने और अपमान का प्रतिशोध लेने के लिए उनके रक्त से अपने केश धो सके।

इसके परिणामस्वरूप कई लोक परंपराओं में द्रौपदी को काली तथा भीम को भैरव के रूप में दर्शाया गया है। उसके पुत्र कुरुक्षेत्र के युद्ध में मारे जाते हैं तथा सुभद्रा के पौत्र पांडवों के उत्तराधिकारी बनते हैं। राज गद्दी त्याग देने के बाद पांडव सशरीर स्वर्ग जाने के लिए हिमालय पर जाते हैं। द्रौपदी उनका अनुसरण करती है, किंतु वह फिसल कर गिर पड़ती है, जिससे उसकी मृत्यु हो जाती है। युधिष्ठिर अपने सभी भाइयों को परामर्श देते हैं कि अब वे संन्यासी हैं और उन्हें स्वर्ग में अपना स्थान सुनिश्चित करने के लिए अपनी पत्नी सहित हर प्रकार की मोह-माया का त्याग करते हुए निरंतर आगे बढ़ते रहना है।

क्या पत्नी, पति की एक संपत्ति मात्र है? क्या उसका स्वयं कोई अस्तित्व नहीं है? ये प्रश्न दोनों महाकाव्यों में निरंतर उठाए गए हैं? राम, सीता को एक ऐसी स्त्री के रूप में मानते हैं, जो अपने निर्णय स्वयं ले सकती है। द्रौपदी कुरुओं से यह जानना चाहती है कि जो पुरुष स्वयं ही हार चुका हो, वह अपनी पत्नी को दाँव पर कैसे लगा सकता है! ये संवाद पारंपरिक हिंदू समाज

में पति और पत्नी के बीच पूर्व स्वीकृत शक्ति विभाजन पर प्रश्न उठाते हैं। यही प्रश्न नारीवादियों के मन को उद्वेलित करते हैं।

54

दोनों महाकाव्यों में विचित्र लोगों का उल्लेख है

यह प्रमाणित करने के लिए कि हिंदू धर्म पितृसत्तात्मक एवं भेदभावपूर्ण है, प्राय: कई लोग 400 वर्ष पूर्व तुलसीदास कृत *रामचरितमानस* की उस चौपाई को उद्धृत करते हैं, जिसमें समुद्र देव 'वरुण' राम के समक्ष समर्पण करते हुए कहते हैं—'*ढोल, गँवार, शूद्र, पशु, नारी। सकल ताड़ना के अधिकारी।*' अर्थात ढोल, गँवार, शूद्र, पशु और स्त्री बिना पिटे कार्य नहीं करते।

कुछ लोग इसी कृति की एक अन्य पंक्ति का उदाहरण देते हैं, जो स्वयं राम ने कथावाचक कौवे काकभुषुंडी से कही थी—'*पुरुष नपुंसक नारी वा जीव चराचर कोई, सर्व भाव भज कपट तजि मोहि परम प्रिय सोई।*' (मुझे वे सभी पुरुष, नपुंसक, स्त्री, चर-अचर पौधे और जीव प्रिय हैं, जो कपट से मुक्त और भक्ति से भरे हुए हों।) यह कथन न केवल स्त्री-पुरुष के मध्य, वरन मानव, वनस्पति तथा पशुओं के बीच भी समानता को व्यक्त करता है। इस पद में एक आम बोलचाल के शब्द 'नपुंसक' का प्रयोग किया गया है, जिसका शाब्दिक अर्थ है—ऐसा पुरुष, 'जो पूर्ण नहीं है।' यह शब्द समलैंगिक पुरुष, समलैंगिक स्त्री, नपुंसक या उभयलिंगी के लिए प्रयुक्त किया जा सकता है।

संभवतया इसी चौपाई के कारण नपुंसक (हिजड़े), लैंगिक समानता तथा उन्हें मुख्यधारा में समाहित करने वाली व्यवस्था की तुलना राम राज्य से करते हैं। भारतवर्ष में नपुंसक (हिजड़े) का एक ऐसा समुदाय है, जिन्होंने स्वेच्छा से अपने पुरुषत्व को नकारा है। यह समाज का एक ऐसा उपेक्षित समुदाय है, जो अपने सामुदायिक नेता अथवा गुरु के नेतृत्व में एक जाति समूह के रूप में रहता है। *रामायण* की एक कथा उनके मध्य व्यापक रूप से प्रचलित है, जो उन्हें वैधता प्रदान करती है। वे कहते हैं कि जब राम वनवास काटकर अयोध्या लौटे, तो उन्हें अयोध्या के प्रवेश द्वार पर हिजड़ों का एक समूह मिला। राम का वन गमन करते ही उन्होंने अयोध्या नगरी छोड़ दी थी और उनके वनवास काल तक वे अयोध्या से बाहर ही रहे। जब राम ने उनसे इसका कारण पूछा, तो उन्होंने उत्तर दिया, 'आपने अपने पीछे आने वाले पुरुषों को घर लौट जाने को कहा था। आपने अपने पीछे आने वाली स्त्रियों को भी घर लौट जाने को कहा। लेकिन, हम जैसे लोगों, जो न स्त्री है और न पुरुष, के लिए आपका कोई निर्देश नहीं था। इसलिए हमने आपके लौटने तक वन में रहकर प्रतीक्षा की।' उनकी इस श्रद्धा से भाव-विह्वल होकर राम उन्हें अपने साथ नगर में ले गए। इस प्रकार, राम राज्य सबको अपने में समाहित करता है-नपुंसकों को भी।

नपुंसक या हिजड़ों की *महाभारत* में भी भूमिका है। जब अर्जुन, उर्वशी नामक अप्सरा के साथ शारीरिक संबंध स्थापित करने से मना कर देते हैं, तब उर्वशी उन्हें नपुंसक हो जाने का श्राप देती है। इंद्र इस श्राप की अवधि एक वर्ष सीमित कर देते हैं-और श्राप का वह एक वर्ष भी अर्जुन अपनी इच्छा से चुन सकता था। अत: अर्जुन अपने वनवास का तेरहवाँ वर्ष राजा विराट के महल में एक नपुंसक के रूप में गुजारते हैं तथा वहाँ नृत्य प्रशिक्षण देने का कार्य करते हैं। वहाँ उन्हें पारंपरिक रूप से हिजड़े का ही कार्य दिया जाता है।

हिंदू धर्म शास्त्रों में हमेशा ही नपुंसकों का उल्लेख किया गया है। वे हमारी पौराणिक कथाओं के अभिन्न अंग रहे हैं। *रामायण* एवं *महाभारत* में भी इसका अपवाद नहीं है।

रामायण के कई क्षेत्रीय संस्करणों में इस बात का उल्लेख है कि किस

प्रकार नपुंसकों (हिंजड़ों) ने बालि और सुग्रीव के जन्म में मुख्य भूमिका अदा की है। कुछ कथाओं में अरुणा को उनकी माँ बताया गया है, जो सूर्य देव के रथ के सारथी हैं, तथा जिन्होंने स्वर्ग में अप्सराओं का नृत्य देखने के लिए नारी का रूप धारण कर लिया था। कुछ अन्य कथाओं में ऐसा वर्णन है कि किष्किंधा के राजा ऋक्ष एक जलकुंड में गिर जाते हैं और स्त्री के रूप में बाहर निकलते हैं। अरुणा/ऋक्ष के स्त्री रूप पर इंद्र एवं सूर्य मोहित हो जाते हैं, फलस्वरूप इंद्र से बालि एवं सूर्य से सुग्रीव जन्म लेते हैं। इस प्रकार महाकाव्य के कुछ पुरुष पात्र ऐसे पुरुषों की संतानें हैं जो स्त्री बने।

यदि *रामायण* पुरुष से महिला बने नपुंसकों का उल्लेख है, तो *महाभारत* में भी कम से कम एक महिला के पुरुष नपुंसक बनने का उल्लेख है। द्रौपदी के बड़े भाई शिखंडी एक स्त्री थे, जिन्हें उनके पिता पांचाल राज द्रुपद ने अपने पुरुष की तरह पाला था। यह रहस्योद्घाटन विवाह की प्रथम रात्रि को शिखंडी की पत्नी ने किया था और उसने अपने पिता से इस बात की शिकायत की, जिन्होंने पांचाल पर आक्रमण कर उसे नष्ट करने की धमकी दी। आक्रमण रोकने के लिए शिखंडी आत्महत्या करने का विचार करती है, किंतु स्थुनकर्ण नामक यक्ष की कृपा से उसे पुरुष लिंग की प्राप्ति होती है, जिससे वह अपने ससुर द्वारा भेजी गई गणिका को यौन रूप से संतुष्ट करके अपने पुरुषत्व को प्रमाणित करता है। युद्ध क्षेत्र में भीष्म उसके विरुद्ध युद्ध करने से मना कर देते हैं क्योंकि वे उसे जैविक रूप से स्त्री के रूप में ही देखते हैं। कृष्ण इस बात पर जोर देते हैं कि वह पुरुष है और इस लिंग का चयन उसने स्वयं किया है। भीष्म अपना धनुष झुका देते हैं। तभी श्रीकृष्ण अपने रथ पर सवार अर्जुन एवं शिखंडी को संकेत करते हैं कि वे बाण चलाएँ और पितामह का वध करें, और इस प्रकार वे कुरुक्षेत्र युद्ध का प्रवाह मोड़ देते हैं। चूँकि यह घटना अठारह दिवसीय कुरुक्षेत्र युद्ध के ठीक मध्य में, दसवें दिन घटित होती है, अत: यह इस बात की ओर इशारा करती है कि इस महान गाथा में नपुंसकों की भी भूमिका है।

इस स्थान पर हिंदू पौराणिक कथाओं में वर्णित नपुंसकों की तुलना

यूनानी पौराणिक कथाओं में वर्णित नपुंसकों से करना उपयुक्त होगा। हिंदू पौराणिक कथाओं में लिंग अथवा शरीर (पुरुष से स्त्री में परिवर्तन) पर अधिक ध्यान दिया गया है, जबकि यूनानी कथाओं में यौनाचार (पुरुष-पुरुष के मध्य प्रेम) को दर्शाया गया है। अत: इसीलिए आज भी भारतीय समाज समलैंगिकों की अपेक्षा नपुंसकों (हिंजड़ों) को लेकर अपेक्षाकृत अधिक सहज है, जबकि पाश्चात्य समाज नपुंसकों की तुलना में समलैंगिकों के प्रति अधिक सहज है।

55

दोनों महाकाव्य अहिंसा के
सिद्धांत को चुनौती देते हैं

रामायण एवं *महाभारत*, दोनों ही हिंसा एवं अहिंसा जैसे विषयों पर चर्चा करते हैं। पारंपरिक ज्ञान यही है कि हिंसा बुरी है एवं अहिंसा अच्छी है। पारंपरिक ज्ञान यह जानने को तैयार नहीं है कि प्रकृति में हिंसा का उद्देश्य क्या है! लेकिन वेद इस बात को समझते हैं।

प्रकृति में प्रत्येक जीव आहार ग्रहण करता है। मांसाहारी, शाकाहारियों का भक्षण करता है तथा शाकाहारी, वनस्पति का। जीवन, जीवन पर आश्रित है। निर्जीव प्राणी भोजन नहीं करता। जिसका भक्षण किया जाता है, वह निरपवाद रूप से नष्ट हो जाता है। अत: भोजन एक ऐसी प्रक्रिया है, जिसमें हिंसा व विनाश है। चूँकि पेड़-पौधे अकार्बनिक तत्वों (पंच

महाभूतों) जैसे जल, वायु, प्रकाश, मिट्टी इत्यादि का उपभोग करते हैं, अत: उन्हें किसी प्रतिरोध का सामना नहीं करना पड़ता है। तथापि, वनस्पति एवं पशु किसी अन्य का ग्रास बनने से बचने हेतु हर संभव प्रयास करते हैं। कोई भी जीव मरना नहीं चाहता। अपना अस्तित्व बचाने के लिए पौधे नुकीले काँटे उगा लेते हैं, ताकि पशु उन्हें खाने से बचें। अपने छत्ते को बचाने के लिए मधुमक्खियाँ डंक मारती हैं। अपने अंडों को बचाने के लिए सर्प हमला करता है। अपने क्षेत्र और साथी को शत्रुओं से सुरक्षित रखने के लिए शेर युद्ध करता है। हिंसा शिकार को शिकारी से बचने की कुशलता प्रदान करती है। हिंसा ही शिकारी को उस सुरक्षा घेरा तोड़ने का कौशल प्रदान करती है, क्योंकि उसे अपना जीवन बचाए रखने के लिए पोषण की आवश्यकता है। इस प्रकार हिंसा द्वारा शिकार एवं शिकारी अपना–अपना अस्तित्व बचाने की जद्दोजहद में लगे रहते हैं।

संस्कृति स्वयं को स्थापित करने के लिए प्रकृति पर आश्रित है। जब तक जंगल नहीं उगते, तब तक खेत, बाग और घास के मैदान नहीं बन सकते। हिंसा मानवीय गतिविधियों का एक महत्वपूर्ण घटक है–कृषि, पशुपालन तथा खनन के लिए पारिस्थितिकी तंत्र का विनाश होता है। इस क्रिया से लोगों को अतिरिक्त संसाधन प्राप्त होते हैं, जिससे मनुष्य आहार के अलावा भी अन्य कार्यों पर ध्यान केंद्रित कर सकता है। इस प्रकार हिंसा, सभ्यता को जन्म देती है। यह बात *महाभारत* में स्पष्ट रूप से हमारे समक्ष आती है, जब इंद्रप्रस्थ नगर बसाने के लिए खांडव वन को जलाने की आवश्यकता पड़ी थी।

संन्यासी स्वयं को समाज से अलग कर लेते हैं, अत: मठ/आश्रम व्यवस्था में अहिंसा प्रमुख होती है। गृहस्थों के लिए हिंसा प्रमुख होती है। गृहस्थों के लिए हिंसा से बचने का कोई उपाय नहीं है। यह बोझ उन्हें वहन करना ही होता है अथवा किसी बाहरी व्यक्ति से कराना पड़ता है।

रामायण एवं *महाभारत* गृहस्थों के लिए रचे गए ग्रंथ हैं, संन्यासियों के लिए नहीं। क्या यह चर्चा इस विषय पर है कि कौन सी हिंसा अच्छी है एवं कौन सी बुरी अथवा कौन सी हिंसा धर्म है एवं कौन सी अधर्म है? इसका उत्तर अत्यंत सरल है–परिवार की आजीविका के लिए की गई हिंसा

धर्म है तथा अहं की संतुष्टि के लिए की गई हिंसा अधर्म है।

रामायण में श्रीराम से कहा गया कि वे राक्षसों से ऋषियों की रक्षा करें। ऋषिगण यज्ञ द्वारा नए उपनिवेश स्थापित कर रहे हैं। राक्षस इस प्रक्रिया का विरोध कर रहे हैं। इसके चलते आपसी संघर्ष अवश्यंभावी है। ऋषियों की सुरक्षा एवं राक्षसों का वध धर्म के रूप में देखा गया है क्योंकि राक्षस प्राकृतिक संसाधनों को हड़पना चाहते हैं जबकि ऋषि उन संसाधनों का यज्ञ रीति से वितरण करना चाहते हैं। बालि का वध धर्म है क्योंकि वह सुग्रीव के साथ अपने राज्य को साझा नहीं करता है। सीता को अपने महल में कैद करने और पति के पास न जाने देने वाले रावण का वध भी धर्म के रूप में देखा गया है।

महाभारत में, भीम द्वारा ग्रामीणों पर अत्याचार करने वाले बक नामक असुर का वध धर्म माना गया है। द्रौपदी को अपशब्द कहने वाले कीचक का भीम द्वारा वध करना भी धर्म है। पांडवों को सुई की नोक के बराबर भी भूमि देने से मना करने वाले कौरवों के वध को भी धर्म माना गया, क्योंकि बिना भूमि के पांडव अपना जीवनयापन कैसे करते? एक अन्य नगर को बसाने के लिए एक और वन को भस्म करना स्वीकार्य नहीं है।

पुण्य एवं धर्म के बीच किसी तरह का संशय नहीं होना चाहिए। हर अच्छे अथवा बुरे कर्म का अच्छा अथवा बुरा प्रतिफल होता है। यही कर्म है। अत: शरीर अथवा परिवार की रक्षा के लिए किए गए धर्मसम्मत कार्य, जिसमें लेशमात्र भी अहं न हो, का परिणाम सदैव वांछनीय होगा, ऐसा आवश्यक नहीं।

रामायण में, कामुक सूर्पणखा का वध करने के बजाए केवल उसके नाक और कान काटने को संभवतया लक्ष्मण धर्मसम्मत कार्य मानते हों, किंतु उस घटना के बाद राम और सीता के जीवन में किसी तरह का चैन नहीं रहा। उन्हें एक-दूसरे से अलग होना पड़ता है, पहले रावण के द्वारा, तत्पश्चात अयोध्या की प्रजा के तानों के द्वारा। ऐसी है कर्म की गति।

इसी प्रकार, *महाभारत* में, यद्यपि कृष्ण धर्म की स्थापना करते हैं, लेकिन उन्हें कुरुओं की माता गांधारी के श्राप को भोगना पड़ता है, क्योंकि वह उन्हें इस युद्ध के लिए जिम्मेदार मानती हैं। वे उन्हें श्राप देती हैं कि

अंतर्कलह के कारण यदुवंश का नाश होगा तथा उनकी (कृष्ण) मृत्यु वन में एक आखेटक के द्वारा होगी, जो किसी पशु के भ्रम में उन पर तीर से हमला करेगा।

56

दोनों महाकाव्य आदान प्रदान को महत्व देते हैं

वैदिक साहित्य के अनुसार, धार्मिक कार्य यज्ञ क्रिया में निहित हैं। यज्ञ के दौरान यजमान इस आशा से देवताओं को आहार इत्यादि अर्पित करता है, कि देवता उसकी कामना पूर्ण करेंगे। यजमान कुछ पाने के लिए ही अर्पण करता है; किसी तरह का कोई बंधन नहीं है, कोई लेन–देन नहीं है, कोई अनुबंध नहीं है। एक अच्छा यजमान अपने पूर्व जन्म के ऋणों को चुकाने की दृष्टि से अर्पण करता है, अत: उसकी कोई माँग एवं अपेक्षा नहीं होती। एक आदर्श संसार में, हम केवल दान करेंगे, किसी से लेंगे नहीं। हमारा ऐसा व्यवहार तभी संभव है, जब हम एक संन्यासी की तरह अपनी कामनाओं पर विजय प्राप्त कर लें तथा दूसरों की कामनाओं की पूर्ति कर आनंद का अनुभव करें। राम और कृष्ण ने यही किया। वे कुछ नहीं चाहते थे। वे केवल देते हैं। वे स्वयं तृप्त हैं लेकिन फिर भी, अन्य अतृप्त लोगों को संतुष्ट करने का अपना सामाजिक दायित्व निभाने के लिए यज्ञ करते हैं।

इसीलिए कहा गया है कि यह बता पाना बड़ा दुष्कर है कि अमुक व्यक्ति धर्म का अनुसरण कर रहा है अथवा नहीं। क्योंकि धर्म व्यक्ति की

धारणा में निहित होता है तथा धारणा अमूर्त होती है। न कोई उसे देख सकता है और न माप सकता है। *रामायण* में राम सदैव धर्म को धारण करते हैं, फिर भी लोग उन्हें बुरा भला कहते हैं। *महाभारत* में कृष्ण से पांडवों का साथ देकर धर्म को धारण करते हैं, और पाते हैं कि यह कितना चुनौतीपूर्ण है।

दूसरों की सहायता करना यूँ तो बड़ा आसान प्रतीत होता है किंतु *रामायण* एवं *महाभारत* यह दर्शाते हैं कि यह इतना सहज भी नहीं है। किसको भोजन कराना चाहिए? किसको भोजन नहीं कराना चाहिए? किसकी क्षुधा शांत करनी चाहिए? किसे अनुशासित रहना चाहिए? राम एवं पांडव अनेक बार ऐसे धर्म संकट में पड़ जाते हैं?

बहुदा लोग धर्म को सदाचार के रूप में देखते हैं। वे मानते हैं कि कुछ नेक कार्य सदैव सही होते हैं, किंतु कर्म के अनुसार किसी अच्छे कार्य का परिणाम अत्यंत दुर्भाग्यपूर्ण भी हो सकता है, जिसके उत्तरदायी हम स्वयं होते हैं। उदाहरण के लिए, अपनी प्रतिज्ञा का निर्वाह करना अच्छी बात है, ठीक है? लेकिन जब दशरथ अपनी प्रतिज्ञा का पालन करते हैं, तो उन्हें राम को वनवास देना पड़ता है। अब उन्हें ऐसा करना चाहिए अथवा नहीं? यह धर्म संकट है।

रामायण में, सुग्रीव ने राम से कहा था जिस समय वह और बालि द्वंद्व युद्ध कर रहे हो, उसी समय वे बालि का वध कर दें। सभ्य आचार संहिता के अनुसार यह अधर्म है। आदर्श रूप में देखा जाए तो योद्धा को अपने विरोधी का सामना स्वयं करना चाहिए। तथापि, राम ऐसा करने की सहमति देते हैं। क्यों? क्योंकि यहाँ वे नहीं, सुग्रीव नेता हैं एवं वे उसके निर्देशों का पालन करने वाले हैं। बालि का अनुचित रूप से वध करने के कारण राम कलंकित भी हो गए। यदि राम ने बालि का सामना करके उसका वध किया होता, तब सुग्रीव की जगह वे किष्किंधा के राजा बनते, क्योंकि उस समय वे नेता होते, सुग्रीव नहीं।

महाभारत में अर्जुन को लगता है कि कुरुक्षेत्र के युद्ध में अपने ही बंधु-बांधवों का वध हो रहा है। किंतु क्या परिवार की सुरक्षा एवं आजीविका की सुरक्षा धर्म नहीं है? कृष्ण तब अर्जुन को समझाते हैं कि

रामायण बनाम महाभारत

किस प्रकार मनुष्य अपने और पराए के बीच एक सीमा रेखा बना देता है और किस प्रकार मनमाने तरीके से अपनों की सुरक्षा करता है और परायों से युद्ध करता है। अर्जुन तो कौरवों को अपना परिवार समझता है किंतु कौरवों के मन में ऐसी कोई भावना नहीं है। वे उसे उसका राज्य लौटाने से मना कर देते हैं। यदि वह बिना युद्ध किए राज्य प्राप्त करता है, तो अधर्म होगा और क्षत्रिय धर्म के प्रतिकूल होगा। इसलिए, अर्जुन युद्ध करता है। कहने को तो ये केवल एक युद्ध था, किंतु उसे इसका भारी मूल्य चुकाना पड़ता है। उसे अपनी संतानों को भी मरते हुए देखना पड़ता है।

अत: दोनों ही महाकाव्य ऐसे नीतिपरक निर्णयों एवं द्वंद्वों की ओर ध्यानाकर्षित करते हैं, जिनका सामना राजाओं को प्रजापालन के दौरान करना पड़ता है। क्या सही है और क्या गलत, उनके पास यह सोचने का कोई रूमानी विचार नहीं होता। धर्म को धारण करने से सुख ही प्राप्त होगा, यह भी सुनिश्चित नहीं है, क्योंकि उसके लिए कर्म, अर्थ और मोक्ष भी साधने होते हैं। धर्म, इस संसार में काफी हद तक केवल स्थिरता ही सुनिश्चित करता है। ऐसा वह मानवीय क्षुधा या भूख को अच्छे समय में स्वनियमित करके तथा बुरे समय में बलपूर्वक नियंत्रित करके ही कर सकता है।

उपसंहार:
प्रगति के पथ पर धर्म

हिंदू पौराणिक कथाओं में अज्ञानी प्राणी क्षुधाग्रसित, भयभीत एवं बेचैन रहता है। ज्ञानी प्राणी न क्षुधाग्रसित है, न भयभीत है और न ही बेचैन । ब्रह्मा एवं उनकी संतानें देव, असुर, राक्षस, यक्ष, गरुण, नाग क्षुधाग्रासित, भयभीत एवं बेचैन हैं। शिव एवं विष्णु ज्ञानी हैं। अत: दोनों ही तृप्त एवं शांत हैं।

लेकिन शिव सुदूर पर्वत की चोटी पर ध्यानरत हैं, और देवी द्वारा उन्हें मनाने की आवश्यकता पड़ती है कि वे सांसारिक कार्यों में भाग लें। दूसरी ओर, विष्णु क्षीर सागर में योगनिद्रा में लीन हैं, तथा गौ रूप भू देवी के रुदन से जाग जाते हैं तथा भू देवी के कष्टों का भार कम करने हेतु तथा भू-लोक पर धर्म की स्थापना करने हेतु अवतरित होते हैं।

संवेदना के बिना धर्म की स्थापना नहीं की जा सकती और मनुष्य में संवेदना पैदा करना आसान कार्य नहीं है। *रामायण* एवं *महाभारत* यह दर्शाते हैं कि राम एवं कृष्ण ने इसके लिए कितना संघर्ष किया।

राम का देवत्व उदासीन है, इतना उदासीन कि उन्हें बार-बार ये स्मरण कराना पड़ता है, कि वे विष्णु हैं। उन्होंने जो शरीर धारण किया है, वे सहज रूप से उसी के अनुसार कार्य करते हैं। एक राजसी परिवार के ज्येष्ठ पुत्र के रूप में धारण किया हुआ शरीर। वे वही करते हैं, जैसी उनसे अपेक्षा की जाती है। वे दूसरों से अपेक्षा नहीं करते। अत: वे किसी से आज्ञाकारिता नहीं चाहते; वे सिर्फ उस पर नियंत्रण रखते हैं। जब वे अयोध्या के लोगों को अपनी पत्नी के चरित्र एवं रावण के साथ संबंध के बारे में अनर्गल वार्तालाप करते हुए सुनते हैं, तब उनका निकृष्ट भय सही साबित हो जाता है। रावण को मारने के पश्चात जब वे सीता से पहली बार मिले थे, तो सबके समक्ष ही मिले थे और सबके समक्ष ही उन्होंने सीता से यह कहा था कि राजसी परिवार का होने के नाते उन्हें मुक्त कराकर उन्होंने अपने

दायित्व का निर्वाह किया है तथा रावण का वध करके उन्होंने राज परिवार के सम्मान की रक्षा की है। फिर वे सीता से कहते हैं कि वे किसी भी पुरुष के साथ जाने के लिए स्वतंत्र हैं, क्योंकि एक राजा होने के नाते वे उन्हें अपनी पत्नी के रूप में स्वीकार नहीं कर सकते। यह किसी देवता की वाणी हो ही नहीं सकती। यह मनुष्य की वाणी है। देवता मनुष्य की कार्य विधि को चुनौती नहीं देते, वे केवल उसके दृष्टा होते हैं। रघुकुल की प्रतिष्ठा के अनुसार उनकी कुलवधू किसी अनर्गल चर्चा से परे होनी चाहिए। परिस्थितियों ने सीता को चर्चा का विषय बना दिया। इसलिए राम ने उनका परित्याग किया। किंतु सीता राम के साथ अयोध्या वापस आने पर ही जोर देती रहीं और इसके लिए उन्होंने अग्निपरीक्षा भी दी और स्वयं की पवित्रता को भी प्रमाणित किया। किंतु बात यह नहीं है। अनर्गल चर्चा किसी तथ्य की परवाह नहीं करती तथा अपवित्रता किसी को त्याग देने के लिए पर्याप्त कारण नहीं है। एक राजा के लिए शारीरिक अपवित्रता से कहीं अधिक महत्त्वपूर्ण यश की अपवित्रता होती है। अंतत: रघुकुल की प्रतिष्ठा, जो सीता के लंका प्रवास के कारण पर्याप्त धूमिल हो चुकी थी, को पुन:स्थापित करने के लिए राम, सीता का परित्याग कर देते हैं। इसके बाद सीता कभी अयोध्या नहीं लौटती। इस प्रकार राम एक राज्योचित कर्तव्य के समक्ष विवश हो जाते हैं। इस परिस्थिति का सामना वे बड़े धैर्य एवं तटस्थ भाव से करते हैं।

कृष्ण का देवत्व सक्रिय है। लेकिन मनुष्य का व्यवहार परिवर्तित करने के मामले में वे भी राम की तरह विवश हैं। वे धर्म की बात करते हैं, किंतु लोग न्याय एवं प्रतिशोध की बात करते हैं। धर्म लोगों के प्रति संवेदना पर आधारित है, जबकि न्याय एवं प्रतिशोध स्वयं के जख्मों की परिचर्चा पर आधारित है। धर्म अपनी क्षुधा और भय के परे दूसरों की क्षुधा और भय को समझने के बारे में है। कृष्ण चाहते हैं कि कौरव भी पांडवों के बारे में सोचें, किंतु उनके सारे प्रयासों के बाद भी वे अपने भाइयों के साथ अपनी संपत्ति साझा करने से मना कर देते हैं। इसलिए पांडव युद्ध करते हैं। लेकिन किसके लिए? अपनी भूमि वापस लेने के लिए, न्याय पाने के लिए, आततायियों को दंड देने के लिए—ये कारण तो कुरुक्षेत्र के

युद्ध के अलावा अन्य किसी भी युद्ध के हो सकते हैं। धर्म युद्ध के नहीं। धर्म युद्ध में कोई नायक, कोई खलनायक अथवा पीड़ित नहीं होता। पांडवों को युद्ध करना है, क्योंकि उन्हें अपनी भूमि वापस लेनी है, जोकि उनकी आजीविका है, फिर भी उन्हें उन लोगों से घृणा नहीं करनी है, जिन्होंने उनकी भूमि हड़प ली थी। घृणा में अहं होता है। उन्हें वहीं करना था, जो उन्हें करना चाहिए, इसलिए नहीं कि उन्हें कौरवों को सबक सिखाना है, बल्कि इसलिए क्योंकि उनकी आजीविका खतरे में है। कोई किसी को कुछ नहीं सिखा सकता; लोगों को स्वयं ही समझना चाहिए। भगवद् गीता का उपदेश देने के बाद भी कृष्ण लाचारी से देख रहे हैं कि अर्जुन युद्ध के प्रति भयग्रस्त हैं। उनकी प्रेरणा तभी सक्रिय होती है जब अर्जुन को यह समाचार मिलता है कि उनका प्रिय पुत्र अभिमन्यु युद्ध क्षेत्र में मारा गया है। भीम और द्रौपदी प्रतिशोध से भर उठते हैं। वे अपना बदला तो लेते हैं, किंतु अपनी संतानों को भी खो देते हैं। भीम अपने पुत्र घटोत्कच को गँवा देता है। द्रौपदी के पाँचों पुत्र मारे जाते हैं। उनका हृदय टूट जाता है, वे स्वयं के प्रति तो अफसोस का अनुभव करते हैं तथा कौरवों एवं उनके माता-पिता पर उन्हें क्रोध आता है। वस्तुत: कौरवों को मृत्यु देने के बाद भी, युधिष्ठिर स्वर्ग में अपने चचेरे भाइयों की उपस्थिति को सहन नहीं कर पाते। वे उन्हें क्षमा नहीं कर पाते। लिहाजा वे अपने घायल अहं से इस कदर जकड़ जाते हैं कि कृष्ण की उपस्थिति को भी अनुभव नहीं कर पाते। जहाँ तक कौरवों का प्रश्न है, आँखों पर पट्टी बाँधे उनकी माँ गांधारी अपने पुत्रों को खलनायक मानने से मना कर देती है। उनकी नजर में उनके पुत्र इस युद्ध में अत्याचार के शिकार हुए हैं, इसलिए वे क्रोधित होकर कृष्ण को लगातार बुरा भला कहती है। कृष्ण इसे मुस्कराते हुए प्रेम से स्वीकार कर लेते हैं और उस दुखी निराश माँ को गले से लगा लेते हैं।

हिंदू धर्म में देवत्व का विचार अन्य पौराणिक मतों से भिन्न है। यहाँ ऐसा नहीं है कि एक सर्वशक्तिमान देवता अवज्ञा करने वालों को दंड देता है। विष्णु, न्यायाधीश नहीं हैं। राम और कृष्ण पूर्ण आदर्श पात्र नहीं हैं क्योंकि उनकी भूमिकाएँ भिन्न संदर्भों में हैं।

हिंदू धर्म में देवत्व वह मानवीय भावना है, जो हमें पाशविकता से

ऊँचा उठाती है। यह हमें क्षुधा एवं चिंता रहित जीवन जीने के योग्य बनाती है। यह हमें अपने आस-पास के जीवों की क्षुधा एवं चिंता के प्रति संवेदनशील होने योग्य बनाती है। इससे हमारे भीतर यह समझ भी विकसित करती है कि भले ही हम किसी को भोजन, सुरक्षा एवं ज्ञान दे सकते हैं, किंतु उन्हें ज्ञानी नहीं बना सकते। यह जीव की व्यक्तिगत यात्रा है।

निस्सीम लोग धैर्यपूर्वक सीमित लोगों के कष्ट और संघर्षों को देखते रहते हैं, जिनमें वे स्वयं को जकड़ रहे हैं। जिस प्रकार एक पिता अपने उद्दंड एवं मूर्ख बालक से प्रेमपूर्ण व्यवहार कर उसे नियंत्रित करने का प्रयास करता है, उसी प्रकार ईश्वर भी पाशविक वृत्तियों से संघर्षरत मनुष्यों पर अपनी स्नेहदृष्टि रखता है ताकि वे धर्म के अनुकूल आचरण कर सकें।

आभार

- अल्फ हिल्टेबिटेल को, जिनकी कृतियों ने धर्म और महाकाव्यों की संरचना से संबंधित कई अवधारणाओं की पुष्टि की और उन्हें स्पष्ट किया।
- कपिश को, उसके हठ के लिए।
- रितु को, जिन्होंने भारत के इन दो महान महाकाव्यों पर लिखे गए मेरे कॉलमों में से एक पुस्तक को मूर्त रूप देने के लिए प्रारंभिक शोध कार्य किया।
- पार्थो को, जिन्होंने इस पुस्तक को वर्तमान स्वरूप में तैयार करने में महत्वपूर्ण भूमिका निभाई।
- हरप्रीत को, जिन्होंने इस किताब को पाठक के और अधिक अनुकूल बनाने में मेरी मदद की।
- प्रतीक पट्टनायक को, जिन्होंने इन महाकाव्यों पर आधारित उड़िया उपन्यासों को खोजने में मेरी मदद की और स्मिता बरुआ को, जिन्होंने असमिया उपन्यासों पर शोध करने में मेरी मदद की।

अनुशंसित अध्ययन

- फ्लड, गाविन। एन इंट्रोडक्शन टू हिंदूइज़्म। नई दिल्ली: कैम्ब्रिज यूनिवर्सिटी प्रेस, 1998।
- हिल्टेबेइटेल, अल्फ। धर्म: डाइमेंशन इन एशियन स्प्रीचुअलिटी। होनोलूलू: हवाई विश्वविद्यालय प्रेस, 2010।
- ---कल्ट ऑफ द्रौपदी, अंक 1, शिकागो : शिकागो विश्वविद्यालय प्रेस, 1988
- ---रीथिंकिंग इंडियाज ओरल एण्ड क्लासिकल एपिक : द्रौपदी अमंग राजपूत, मुस्लिम एण्ड दलित, शिकागो : शिकागो विश्वविद्यालय प्रेस, 1999
- जैनी, पद्मनाभ एस. द जैन पाथ ऑफ प्यूरीफिकेशन, नई दिल्ली: मोतीलाल बनारसीदास पब्लिशर्स 1979
- मणि, वेट्टम। पुराणिक विश्वकोश, नई दिल्ली: मोतीलाल बनारसीदास पब्लिशर्स 1996
- मजूमदार, सुभाष, हू इज हू इन महाभारत। मुंबई: भारतीय विद्या भवन 1988
- ओलिवेल, पैट्रिक। धर्म: स्टडीज इन इट्स सीमेंटिक, कल्चरल एण्ड रिलीजियस हिस्ट्री, नई दिल्ली: मोतीलाल बनारसीदास पब्लिशर्स, 2009
- सेन, माखन लाल, द रामायण ऑफ वाल्मीकि। दिल्ली: मुंशीराम मनोहरलाल, 1978
- स्टाल, फ्रिट्स। डिस्कवरिंग द वेद, नई दिल्ली: पेंगुइन बुक्स इंडिया, 2008
- सुब्रमण्यम, कमला, श्रीमद्‌भागवतम्, मुंबई: भारतीय विद्या भवन, 1987
- --- महाभारत मुंबई: भारतीय विद्या भवन, 1988
- --- रामायण मुंबई: भारतीय विद्या भवन, 1992

मेरी गीता

-देवदत्त पट्टनायक

अपनी पुस्तक 'इन माय गीता' में, सुप्रशंसित पौराणिक कथाकार देवदत्त पट्टनायक समकालीन पाठकों के लिए भगवद्गीता के रहस्यों से परदा हटाते हैं। अपनी अनूठी शैली में-जो कि पदानुरूप न होकर कथानुरूप है, वे इस प्राचीन ग्रंथ को आमजन के लिए सरल रूप में प्रस्तुत करते हैं, साथ ही साथ इसमें पाठकों को उनकी विशिष्ट चित्रण शैली भी दृष्टिगोचर होती है।

एक ऐसी दुनिया में, जिसका झुकाव संवाद की जगह विवाद की ओर है, देवदत्त इस बात पर प्रकाश डालते हैं कि कैसे कृष्ण, अर्जुन को रिश्तों को परखने की बजाय समझने के लिए कहते हैं। भोग और अहं (आत्मसुधार, आत्म साक्षात्कार, आत्मानुभुति-यहां तक कि सेल्फी) से ग्रस्त दुनिया में यह और भी अधिक प्रासंगिक हो जाता है। हम यह भूल जाते हैं कि हम एक ऐसे पारिस्थितिकी तंत्र में रहते हैं, जहाँ हम एक दूसरे का भोजन, प्रेम और अर्थ के द्वारा पोषण करते हैं, उस समय भी, जब हम लड़ रहे होते हैं। तो अपनी गीता को मेरी गीता से सूचित होने दें। (देवदत्त पट्टनायक) का व्यक्तिपरक और कूटनीतिक शिल्प उनकी इस नई पुस्तक में जगमगाता रहता है। (मेरी गीता) उनकी ऐसी पुस्तक है, जो उन्हें मिथक से दर्शन की ओर ले जाती है-जिसे वे पूरी निपुणता और कौशल के साथ गढ़ते हैं।

-स्क्रॉल.इन

'देवदत्त की पुस्तकें त्वरित रूप से पठनीय हैं, और उनसे मिलने वाला सबक अनमोल और दीर्घकालिक है।'

-बिजनेस टुडे

देवदत्त एक दक्ष कथाकार हैं, जिनमें प्रायः रमणीय और अभिनव बारीकी देखने को मिलती है।

-इंडिया टुडे

मेरी हनुमान चालीसा

-देवदत्त पट्टनायक

यह पुस्तक हिंदू धर्म की सबसे लोकप्रिय प्रार्थनाओं में से एक 'हनुमान चालीसा' के बारे में है। जब भी मैं अपनेआप में एवं इस दुनिया में नकारात्मकता का अनुभव करता हूँ, एवं जब भी सामाजिक नियमों के उल्लंघन और हिंसा के रूप में प्रकट होने वाले ईर्ष्या, क्रोध, और निराशा जैसे भावों से मेरा सामना होता है, तब मैं हनुमान चालीसा सुनता या पढ़ता हूँ। इसकी रचना लगभग चार सौ वर्ष पूर्व तुलसीदास द्वारा सरल भाषा (हिंदी भाषा की एक बोली 'अवधी' में) और सरल बहर (दोहा और चौपाई) में की गयी थी। इसके दोहे और चौपाईयों की संगीतमय प्रस्तुति मिथकों, इतिहास, लोकप्रिय हिंदू देवता हनुमान के रहस्यों और वैदिक ज्ञान को जन-जन तक ले जाती है। 'जैसे ही हनुमान चालीसा के एक के बाद एक पद सामने आते हैं, मेरे भयाक्रांत और विकल मन में ज्ञान और अंतर्दृष्टि के साथ विस्तार होने लगता है और मानवता में मेरा विश्वास आंतरिक और बाह्य रूप से बहाल होने लगता है।'

'मुझे लगता है कि पट्टनायक ने इस बात की नब्ज पकड़ ली है कि 21वीं सदी में हिंदुत्व किस तरह स्वयं को व्यक्त करना चाहता है। अपनी अनुपम बुद्धिमत्ता के साथ, जहां वे धर्म के बारे में उदारवादियों के पक्ष को प्रस्तुत करने का हुनर रखते हैं, वहीं वे स्वयं को धर्मरक्षक मानने वाले पुरातनपंथियों के पक्ष को भी सामने लाते हैं।'

-अर्शिया सत्तार, आउटलुक

'पौराणिक जानकारियों का खजाना, एक ऐसा अद्वितीय पाठ जिसकी रचना के पीछे चमत्कारिक अनुसंधान है,............ज्ञानवर्धक, सूचनाप्रद, कई विमर्शों को विषय प्रदान करने वाली, तात्विक ज्ञान को समाहित किए यह एक अनमोल पुस्तक है।'

-कंकना बासू, डेक्कन क्रॉनिकल